은퇴 준비와 희망노트

은퇴 준비 와 희망노트

"은퇴는 절망이 아니라 희망이다"

김두년 지음

글로벌콘텐츠

나는 6.25 전쟁 중에 태어났다. 마을 사람들은 농사가 주업이었고, 전쟁 직후라서 모두 가난했다. 기와집에 살면서 하얀 쌀밥에 고깃국을 실컷 먹어보는 것이 소원이었다. 그 당시 어른들은 야학으로 겨우 한글을 깨우친 정도의 교육 수준이었는데, 그래도 모르는 게 없었다. 그 비결은 바로 가정보감(家庭寶鑑)이었다. 그 속에는 편지 쓰는 법, 혼인하는 법, 제사 지내는 법, 토정비결 보는 법, 이름 짓는 법, 묘지 쓰는 법 등 가정사에 필요한 모든 것이 들어 있었다.

처음으로 직장 생활을 시작한 1970년대 초에는 대학을 나와서 좋은 직장에 취직하면 그것으로 넉넉한 노후가 보장되었다. 평생직장에서 하루도 빠짐없이 열심히 다니고 승승장구해서 최고 직위까지 올랐으니 평안하고 넉넉한 노후가 기다리는 줄 알았다.

어느덧 70세가 되어 퇴임을 하고 보니 넉넉한 노후는 어디로 가고 팍팍한 노후가 기다리고 있었다. 100세 시대를 맞이하였는데 막상 나를 기다리고 있는 것은 행복한 노후가 아닌 불안한 노후였다. 이 불안한 노후를 혼자서 어떻게 헤쳐 나가야 할까? 마땅히 물어볼 곳도 없고 오롯이 나 혼자서 이 역경을 헤쳐 나가야만 한다.

그래서 다시 노년학을 공부했다. 장례지도사, 평생교육사, 유품정리사, 풍수지도사 등 노년과 관계된 공부를 하고 현장 경험도 하였다. 그렇게 공부한 노후 생활 지침서를 나와 같은 노년 세대뿐만 아니라 자녀 세대가 함께 공감할 수 있도록 가정보감 같은 책으로 쓰고 싶었다.

초고령사회를 맞이한 일본에서는 장수지옥, 노후 파산, 고립사, 빈집 문제, 부모님 집 정리하기, 유품 정리에 관한 책이 불티나게 팔리고 있다. 유품 정리회사, 무연가구(無緣家口)의 생전 보호와 사후 처리 전문 회사, 1인 가구의 임대사업자를 위한 보험 상품도 생겨났다. 종활(終活: 인생의 마지막을 맞이하기 위한 다양한 준비 활동을 뜻하는 일본 사회의 신조어)이라 불리는 노후 정리가 유행하고, 엔딩노트를 쓰는 것이 당연시 되고 있다.

우리나라도 2025년이면 초고령사회에 진입한다고 한다. 이제는 우리나라도 3가구 중 1가구가 1인 가구인 시대가 되었다. 100세 시대의 축복은 그냥 오는 것이 아니다. 적어도 은퇴 이후 30년의 노후 생활을 준비해야만 하는 시대가 되었다. 이 책은 스스로의 노후를 준비하는 과정에서 궁금한 것을 찾아보며 쓰게 되었다. 그렇게 해서 나에게 묻고 답하는 형태로 태어난 책이 바로 『은퇴 준비와 희망노트』이다.

이 책의 내용을 간추리면 다음과 같다.

제1편은 은퇴 준비하기 편이다. 은퇴를 전후해서 직면하게 될 문제들을 다루었다. 노년이 되면서 겪어야 할 빈곤, 질병, 무위, 고독의 문제를 슬기롭게 대처하기 위해 금전 대책, 건강 대책, 일자리 대책, 노후 지원 문제를 차례대로 다루었다.

제2편은 노후 정리하기 편이다. 70대에 접어들면서 주변 정리를 해야 하는 노후 정리 문제를 다루었다. 노후 정리는 인생을 정리하고 마무리하는 준비 과정이다. 부동산과 금융자산, 신변물품 등을 정리하고 노후 생활을 정리하는 데 필요한 주거와 의료복지, 유언과 사후 준비 등 노후 정리 문제를 다루었다.

제3편은 희망노트와 희망보자기 편이다. 죽고 나면 나의 인생은 흔적도 없이 사라질지 모른다. 내가 살다간 흔적을 남기고 내 인생은 내가 디자인 한다. 우리 집안의 내력, 나의 성장기록, 건강 정보, 희망하는 주거, 요양, 연명 치료, 장례, 상속, 유품 정리, 반려동물 처리 등 자녀들이 결정하기 어려운 사항에 대한 지침을 남긴다. 자녀 세대에 남기고 싶은 말을 이곳에 남기면 세대 간의 좋은 대화가 될 것이다. 권중부록으로 희망노트(Life Note)와 희망보자기(유품리스트)를 실었다. 누구든지 다운로드 받을 수 있도록 파일을 공개하였다.

제4편은 사후 준비하기 편이다. 죽음을 피할 수 없다면 사후 문제를 미리 준비하여 인생을 아름답고 당당하게 마무리해야 한다. 사후 준비는 부모와 자녀가 함께 보고 같이 준비하는 것이 좋다. 임종에서부터 장사를 마무리하기까지의 절차, 장례식 이후 삼우제까지의 절차, 장례를 마치고 해야 할 일들, 유언과 상속, 유품 정리에 이르기까지 모든 절차를 소개하였다.

이 책은 한번 읽고 나서 버리는 책이 아니다. 가정보감처럼 곁에 두고 읽히는 책을 저술하고자 애를 썼다. 가정보감처럼 책꽂이에 꽂아두고 필요할 때마다 꺼내서 읽어 보길 바란다. 어렵게 탈고를 하고 보니 아직도 부족함을 많이 느낀다. 부족한 점은 이후에도 많은 가르침을 받아서 수정할 것을 약속드린다.

2023년 6월 1일
저자 김두년

제1편

은 퇴 준 비 하 기

제2편

노후 정리하기

제3편

희 망 노 트 와 희 망 보 자 기

제4편

사 후 준 비 하 기

준비 없는 노년은 빈곤, 쇠약, 고통, 질병에 시달리면서
남의 도움 없이 몇 년씩 버텨야 한다.
장수리스크를 잘 관리하면 천국이요,
장수리스크를 잘 관리하지 못하면 지옥이다.

제1편

은퇴 준비하기

은퇴 준비
왜 필요한가?

장수는 천국인가 지옥인가

누구나 100세 시대, 70대는 아직도 중년이다

예전에는 로망이었던 '100세 시대'가 이제 누구나 가능한 장수 시대가 되었다. 소득 수준의 향상으로 영양 상태가 좋아지고, 건강관리와 의료 기술이 발달함에 따라 기대수명은 빠르게 늘어나고 있다. 100세 시대는 현실이 되고 있다.

2015년 UN에서 사람의 평생 연령을 5단계로 나누어 보고한 바 있다. 이 보고에 의하면 0세~17세 미성년자, 18~65세 청년, 66~79세 중년,

80~99세 노년 그리고 100세 이상은 장수노인이다. 이에 따르면 70대 노인은 아직도 중년이다. 건강하게 장수하고 싶은 것은 누구나 바라는 소박한 소망이다. 단, '관리만 잘하면'이라는 조건이 있다.

장수에도 리스크가 있다

태어나고 늙어서 병들고 죽는 생로병사(生老病死)를 인생사고(人生四苦)라고 한다면, 노인이 되어서 겪게 되는 4가지 고통이 있다. 그것은 돈이 없는 빈고(貧苦), 몸이 아픈 병고(病苦), 할 일이 없는 무위고(無爲苦), 혼자 사는 고독고(孤獨苦)로 이를 통칭하여 노인사고(老人四苦)라고 부른다.

　　노인이 되기 전에 노인사고에 대해 충분한 준비를 하지 못하면 늙어서 여러 가지 위험 부담이 따르는데 이를 장수리스크(Longevity risk)라고 한다. 장수리스크에도 노인사고와 같이 4가지의 유형이 있는데, 돈 없이 오래 사는 무전장수(無錢長壽), 아프면서 오래 사는 유병장수(有病長壽), 할 일 없이 오래 사는 무업장수(無業長壽), 혼자가 되어 오래 사는 독거장수(獨居長壽)이다. 우리나라의 「노후준비지원법」(법률 제13365호, 2015. 6. 22. 제정) 에서도 장수리스크를 잘 나타내고 있는데, "노후준비란 노년기에 발생할 수 있는 빈곤·질병·무위·고독 등에 대하여 사전에 대처하는 것을 말한다."라고 규정하고 있다(제2조제1호).

① 돈 없이 오래 사는 무전장수(無錢長壽)

　　돈 없이 오래 사는 '무전장수'는 결코 행복한 삶이 될 수 없다. 우리 일상의 3대

요소인 의식주(衣食住)는 모두 돈이 있어야 해결할 수 있다. 돈이라는 것은 많아도 문제가 되지만 없으면 상상할 수 없을 정도로 냉정하고 단호하다. 돈 앞에서 비굴해서도 안 되지만, 돈이 없으면 삶이 비참해진다. 무전장수에서 벗어나는 방법은 젊었을 때 여생에 필요한 자금을 미리 준비해 두거나, 노년의 삶을 단순하게 하는 것이다.

② 아프면서 오래 사는 유병장수(有病長壽)

병치레를 하며 오래 사는 '유병장수'는 어떻게 할까? 아프면서 오래 살면, 노후자금을 질병 치료에 다 쓰고 생활자금이 부족하게 되어 생계유지가 어려워질 수 있다. 건강은 신체 건강뿐만 아니라 치매나 우울증 등 정신적으로도 매우 중요하다. 신체적 건강은 '반쪽 건강'이다. 마음(정신)이 평온하지 못하면 돈이 많고 신체가 건강해도 행복한 인생이 될 수 없다. 평소에 규칙적이고 건전한 생활을 유지하는 것이 유병장수에서 벗어나는 길이다.

③ 할 일 없이 오래 사는 무업장수(無業長壽)

특정하게 하는 일 없이 오래 사는 '무업장수'가 행복할까? 하고 싶은 일을 하면서 오래 사는 것은 천국이지만, 할 일 없이 오래 사는 것은 결코 천국이 아니다. 일은 많아도 찾아 나서지 않으면 결코 자신의 곁으로 오지 않는다.

일을 찾아 나설 때 가장 큰 걸림돌이 과거에 얽매이는 것이다. 과거를 완전히 내려놓아야 새로운 일이 보인다. 새로운 일이란 돈을 버는 직업뿐만이 아니다. 운동, 취미, 사교, 종교, 봉사활동 등 자신이 할 수 있는 일을 찾아 나서는 것이 무업장수에서 벗어나는 길이다.

④ 혼자서 오래 사는 독거장수(獨居長壽)

성인의 절반은 비혼, 미혼, 사별, 이별 등으로 혼자 사는 사람이다. 지금은 부부가 함께 사는 유배우자라 하더라도 언젠가는 혼자가 되는 것이 자연 섭리이다. 삶의 긴 여정에서 배우자가 떠난 후 홀로 남게 되는 '독거장수'에 어떻게 대응해야 할까?

독거장수에서 벗어나는 가장 확실한 방법은 부부가 함께 살고 함께 늙어가는 것이다. 늙어가는 나이에도 혼자 즐기고 혼자 사는 법을 터득하면 몸과 마음의 건강을 지킬 수 있다.

홀로 산책, 홀로 음악회, '혼밥'과 '혼술'을 즐기는 습관을 들여 보면 어떨까? 홀로 지내는 일상에 익숙해지는 것도 외로움에서 벗어날 수 있는 길이기는 하다.

장수는 천국인가 지옥인가

노인이 드물었던 과거에는 장수가 축복이었고, 노인은 존경을 받았다. 노인이 흔해진 100세 시대에는 준비 없이 오래 사는 대가를 치러야 한다. 준비 없는 노년은 빈곤, 쇠약, 고통, 질병에 시달리면서 남의 도움 없이 몇 년씩 버텨야 한다. 죽지 못해 산다는 말이 결코 엄살이 아니다. 장수는 천국인가 지옥인가? 장수는 천국이 될 수도 있고 지옥이 될 수도 있다. 장수리스크를 잘 관리하면 천국이요, 장수리스크를 잘 관리하지 못하면 지옥이다.

일본의 작가 마쓰바라 준코는 『장수지옥』에서 일본의 초고령사회를 '장수지옥'에 비유하였다. 장수 노인들이 겪어야 하는 비참한 의료 현실을 고발하면서 노인의 연명 치료는 노인 학대라고 하였다. 일본의 NHK 스페셜 제작팀이 지은 『노후파산』에서는 홀로 사는 고령자가 연금만으로 근근이 생활을 지속하다가, 만약 병에 걸리거나 돌봄서비스가 필요해지면 생활은 파탄을 맞게 된다며 이러한 상황을 '노후 파산'이라고 정의하였다.

장수리스크에 철저히 대비하지 않으면 우리도 언젠가 노후 파산이나 장수지옥에 빠질 수 있고 장수는 지옥이 될 것이다. 이제는 오래 사는 것이 두려운 시대가 되었다. 젊어서부터 장수지옥에 빠지지 않도록 철저한 대비를 해야만 한다.

축복된 장수 시대를 위하여

장수리스크에서 벗어나면 인생 100세는 축복이 될 수 있다. 나이가 들면 그동안 삶의 경험과 노하우를 활용하여 지나간 생애에 해보고 싶었던 '제3의 인생'을 준비하는 전략을 세워보자.

축복된 장수 시대를 맞이하는 길은 한 살이라도 젊었을 때, 금전적 대비책을 세우는 것이다. 또한 자신과 배우자의 건강 유지와 함께 가족을 비롯한 주변 사람들과의 '만남'과 '배려'에 대한 마음가짐을 가다듬는 것이다.

'제3의 인생'에 대한 인식 전환이 요구되고 있는 100세 시대에 행복한 삶을 위해 무엇을 어떻게 해야 할 것인가는 잘 알고 있지만 실천하기는 생각보다 쉬운 일이 아니다.

초고령사회 무엇이 문제인가?

2025년이면 초고령사회

UN은 국가의 총인구 중 65세 이상 고령 인구 비중이 7%, 14%, 20% 이상이면 각각 고령화사회, 고령사회, 초고령사회로 분류하고 있다.

우리나라는 2000년에 고령화 사회에 진입하였고, 2018년에 고령사회를 거쳐서, 2025년에는 초고령 사회에 진입할 것으로 보고 있다. 2045년에는 고령인구가 총인구의 37%를 차지하는 세계 1위 고령국가가 될 것으로 전망하고 있다.

베이비붐 세대는 고령사회의 기폭제

우리나라의 베이비붐 세대는 1955~1974년생까지 약 20년 정도이다. 이 세대의 인구는 총 1700만 명에 달한다. 2020년에는 이들 베이비붐 세대의 첫 대상인 1955년생이 처음으로 노령인구에 편입되었다. 앞으로의 20년간은 1955년생이 고령층에 진입을 시작하고 마지막인 1974년생까지 모두 고령층으로 진입하게 되므로, 이 기간 동안은 베이비붐 세대가 고령화의 기폭제가 될 것이다.

일본에서도 제2차 세계대전 후의 단카이 세대(1947~1949년생)가 고령화 인구에 편입되면서 초고령사회의 핵심이 된 사례가 있다.

베이비붐 세대의 영향력

우리나라 베이비붐 세대가 결혼을 하고 주택 마련을 시작했을 때부터 국내 주택 가격은 급상승하기 시작하였다. 수도권에 거주하는 베이비붐 세대만 모두 805만 명에 달하는데, 이들 세대가 지금 은퇴 시기를 맞이하였다. 이들이 모두 은퇴하고 주택 수요가 끝나면 수도권 주택 가격의 상승 압력은 낮아지고 집값이 안정될 것이다.

베이비붐 세대가 노령인구에 편입되면 지금까지 경험하지 못했던 초고령사회의 노인 문제가 표면에 나타날 것이다. 지금 당장 이들이 노인이 되면서 지하철 무임승차가 사회적 이슈가 되고, 연금을 받기 시작하면서 연금개혁이 화두가 되고 있다.

앞으로 이 그룹이 초고령사회의 문제를 선도할 것이다. 건강이 나빠지기 시작하는 70대, 80대가 될 때쯤이면 병상 문제, 간병 문제, 요양 문제가 불거질 것이고, 이들이 사망하기 시작할 때쯤이면 무연고사나 고독사 등의 사회 문제가 확대될 것이다. 또한 노후 정리, 호스피스, 장례와 유품 정리, 유언 상속 등 실버산업도 새로운 전기를 맞이하게 될 것이다.

지금부터 대비하지 않으면 앞으로 이들에게 들어가는 사회적 비용은 늘어날 수밖에 없고, 은퇴 이후의 삶은 사회적 문제가 될 수밖에 없다. 충분한 노후 대비 없이 은퇴한 그들이 자립하기 어려운 현실이 베이비붐 세대의 발목을 잡고 있다. 이들 세대를 노후 자원으로 활용하지 못하고 뒷

전에 머물게 한다면 한국 사회는 빠르게 쇠퇴할 수 있다.

초고령사회의 대비책

지금의 중고령 인구는 20년 전과는 너무나 다르다. 스스로 이렇게 건강할 수 있다는 사실에 놀라고 있다. 통계청에서 발표한 기대여명표(연령 ○○세의 사람이 앞으로 생존할 것으로 기대되는 평균 생존년수)를 보면, 이들은 적어도 30년 정도 더 살 가능성이 있다. 앞으로 베이비붐 세대의 인구를 생산적이지 못하고 복지의 대상 혹은 부양의 대상으로만 바라본다면, 이 부담을 오롯이 젊은 세대가 감당해야만 한다. 외롭고 가난한 베이비붐 세대, 일할 사람을 구하지 못하는 중소기업, 공동화된 농어촌을 보게 될 가능성이 높다. 이들 베이비붐 세대를 활용하면 우리 사회의 난제인 지역인구소멸, 집값 폭등, 세대 갈등, 저출생, 연금 고갈 등의 문제를 상당 부분 해결할 수 있을 것이다.

　정책은 타이밍이다. 베이비붐 세대가 한 살이라도 젊을 때 이들을 활용하는 정책이 진행돼야 한다. 산업화 시대에 이들이 이촌향도(離村向都)를 주도했다면 이제는 귀향귀촌(歸鄉歸村)으로 활용해야 한다. 고령인구를 산업인력으로 또는 지방인력으로 활용하는 적극적인 대책이 필요하다.

Question 03

노후 대책 몇 년이면 될까?

노후 대책은 최소 30년

우리나라 국민의 기대수명은 1990년의 71.7세(남자 67.5세, 여자 75.9세)
에서 2020년은 83.5세(남자 80.5세, 여자 86.5세)까지 늘어나서 이 기간 동
안 무려 12살이나 늘어났다(2021년 생명표 기준).

은퇴 이후의 노후 대책을 설계한다면 부부가 모두 사망하는 시기까지
를 설계 기간으로 해야 한다. 남성인 공직자를 기준으로 남편이 정년을
맞이하는 60세에는 부부간의 연령 차이를 감안할 때 아내는 대략 56세
전후가 되는데, 여성의 기대수명이 86.5세이므로 앞으로 약 30년 정도
가 생존 기간이 된다. 앞으로도 기대수명이 늘어날 것을 감안하면 최소한
30년의 노후 대책을 준비해야 한다는 뜻이다.

노후 대책은 부부 기준으로

보통 사람은 남성을 기준으로 기대수명이 80.5세이기 때문에 80세가 될
때까지만 적당히 살 수 있으면 '그때 가서 어떻게 되겠지' 하는 안이한 생
각을 한다. 그 이후의 대책은 없다.

노후 대책은 부부를 기준으로 해야 한다. 부부 중 한 사람이 먼저 죽더

라도 남아 있는 배우자는 혼자서 외롭고 쓸쓸한 삶을 살아가야 한다. 이 기간이 10년이 될 수도 있고 20년이 될 수도 있다. 특히 생활비가 다시 늘어나는 마지막 10년을 준비해야 한다. '자녀들이 어떻게 해주겠지' 하는 안일한 생각은 금물이다. 이 시기에는 이미 자녀들도 은퇴 시기를 맞이하기 때문이다.

최소 10년은 돌봄 대책으로

한편 신체적·정신적으로 건강하게 생활하는 건강수명은 73.1세(남자 71.3세, 여자 74.7세)이므로, 기대수명에서 건강수명을 뺀 약 12년간은 질병 또는 장애를 가지고 살아가는 유병기간으로 볼 수 있다. 따라서 생애설계 30년 중 마지막 10년간은 질병을 가진 유병, 사별, 독거 기간으로 보고 생애설계를 할 필요가 있다.

10년 주기 3단계 설계

1994년 마이클 스타인은 은퇴 기간을 10년 단위로 3단계로 나누고, 각각 활동적인 시기(Go-go), 회상의 시기(Slow-go), 돌봄의 시기(No-go)로 구분하여 설명한다.

처음 1단계인 10년은 활동적인 시기이다. 은퇴 후 65세에서 74세까지의 기간에는 현직에서의 생활패턴이 어느 정도 유지된다. 은퇴자들은 외국으로 여행을 떠나거나 고급 레스토랑에서 식사를 하는 등 재량적 지출을 많이 한다. 그래서 1단계 기간이 지출이 많다. 평소에 못해 보았던 명품도 사고 물가상승률에 맞춰 매년 지출도 늘어난다.

다음 2단계인 10년은 회상의 시기이다. 이 시기는 75세부터 84세 사이인데 활동적인 시기와 비교하면 지출이 큰 폭으로 줄어든다. 나이가 들어가면서 활동량이 줄고, 재량적 지출도 줄어들기 때문이다. 그래서 물가상승률에 맞춰 지출이 늘어나지도 않고 오히려 줄어드는 모습을 보인다.

마지막 3단계인 10년은 돌봄의 시기이다. 이 기간 동안 재량적 지출은 큰 폭으로 감소하지만, 의료비와 간병비가 더 크게 늘어나면서 전체적인 지출이 상승한다. 그래서 은퇴자의 지출은 하락을 멈추고 다시 상승하는 U자 형태를 띠게 된다.

단계별	처음 10년	두 번째 10년	세 번째 10년
시기별 특성	활동적인 시기 (Go-go years)	회상의 시기 (Slow-go years)	돌봄의 시기 (No-go years)
나이	65~75세	75~85세	85~95세
지출의 특성	재량적 지출 증가	재량적 지출 감소	의료비, 돌봄 비용 증가

은퇴지출 스마일

데이비드 블란쳇 모닝스타 수석연구원은 은퇴자의 소비지출 연구를 하면서 은퇴자의 실질지출이 84세까지 감소하다가 이후에는 상승하는 모습이 보이는 것을 발견했다. 지출구조의 저점은 84세에 나타나는데, 은퇴 초기와 비교하면 지출이 최대 26%나 감소한다. 은퇴 당시 연 10만 달러(1억 5천만 원)를 쓰던 은퇴자가 84세 무렵에는 7만 4천 달러만 사용하게 된다. 이후 90세가 될 때까지는 지출이 다시 늘어난다. 블란쳇은 은퇴자의 지출이 하락하다가 상승하는 곡선을 보이는 것을 사람들의 미소 짓는 얼굴에 빗대 '은퇴지출 스마일'이라고 지칭하였다.

금전적 대비책

...

Question 01

노후 자금 얼마면 될까?

노후 자금은 7~10억 원이 필요하다는데

노후 자금은 얼마나 필요한가? 필요한 노후 자금이 얼마인지 스스로 계산할 수 있는 사람은 거의 없다. 막연하게 몇 억이 있어야 하지 않을까 생각할 뿐이다. 2020년에 직장인을 대상으로 한 설문조사에서 응답자들은 필요한 노후 자금이 7억이라고 하였다. 그런데 이때의 7억은 막연히 그 정도 필요할 것이라 생각할 뿐 구체적 근거는 없다.

통계청(KOSIS)의 자료에 의하면 2019년 부부 기준 적정 노후생활비는 전국 평균이 매월 267.8만 원이다. 서울은 319.1만 원, 광역시 265.7만 원, 도 252.3만 원 이었다. 2022년 기초연금 선정기준액도 단독 가구 180만 원, 부부 가구 288만 원이다.

노후 자금 계산법은 노후생활비를 노후 기간으로 곱하여 계산하면 된다. 예를 들어 전국 평균 부부 가구 노후생활비를 기준으로 계산하면 노후생활비(월 267.8만 원)×노후 기간(30년×12개월=360개월)=9억 6천 4백만 원이 된다.

월 200~400만 원의 생활비를 확보하라

국내의 연구기관들이 국민을 대상으로 조사한 자료를 바탕으로 보면 대략 월 200~400만 원을 월 생활비로 생각하고 있다.

은퇴 후 월 생활비 예상액(2인 부부 기준)		
구분	월 생활비	노후생활비에 따른 삶의 질
기초적인 생활	200만 원	전국 평균 노후생활비에 못 미치는 금액, 농어촌 지역에서 기본적인 노후의 의식주에 관련된 비용
표준적인 생활	300만 원	기초연금 선정기준액 수준, 도시 지역에 살며 절약하면서 보통 수준의 노후 생활이 가능
여유로운 생활	400만 원 이상	도시 지역에서 여유로운 노후 생활이 가능. 여가활동, 보험료, 건강관리비용 지출에 부담이 없음

노후생활비는 어떻게 산출하나

노후생활비는 매월 목표하는 적정생활비에서 이미 확보된 월 소득금액을 빼면 된다. 예를 들어 은퇴 후 매월 생활비를 300만 원으로 가정했

을 때 매월 들어오는 국민연금이 150만 원이고, 매월 150만 원 정도의
수입이 발생할 예정이라면 300만 원-(150만 원+150만 원)=0이 되므로
표준적인 생활은 가능하다고 본다.

다만, 60대에는 미혼 자녀의 결혼 등으로 목돈이 필요하고, 70대 이
상이 되면 연금 이외의 근로소득은 기대하기 어려우며, 80대가 되면 건
강관리 비용이 급증하는 것도 예상해야 한다.

노후 자금은 현금성 자산으로 확보하라

중요한 것은 위에서 계산한 노후 자금은 부동산 등 현금화 할 수 없는 것
은 빼고, 매월 생활비로 들어올 수 있는 현금성 자산으로 확보해야 한다
는 점이다. 매월 들어오는 연금이나 근로소득, 임대료나 이자 등의 현금
성 자산으로 확보해야 한다. 매월 연금소득이 매월 생활비보다 많으면 일
단은 안심이다. 그러나 매월 연금소득이 매월 생활비보다 적은 경우에는
그 모자라는 부분이 추가로 보충되어야 할 노후 대책 자금이 된다.

수십억 원대의 부동산을 가지고 있어도 매월 들어오는 소득이 없으면
생활비는 항상 모자란다. 부족한 부분을 충당하기 위해서는 거주 주택 등
꼭 필요한 것을 제외하고는 일정 부분 현금성 자산으로 확보해 두는 것이
중요하다.

돌봄이나 간병에 대비하라

노후 자금 준비에서 주의해야 하는 것이 주거 비용과 요양 비용이다. 질

병 등으로 거동이 불편해서 장기 요양이 필요한 경우에는 간병비나 요양비가 추가로 필요하다. 이에 대비하여 보험에 가입한다고 해도, 어쨌든 장기요양에는 매월 일정한 돌봄이나 간병비가 필요하다.

언젠가 나홀로 노년을 보내는 경우를 대비한다면, 24시간 가족의 간병을 기대하기는 어렵고 파트 타임 간병이나 요양시설의 신세를 질 수 밖에 없다. 이러한 경우를 염두에 두고 노후 준비를 하는 것이 좋다.

장기요양급여를 받는다고 하더라도 본인부담액은 매월 70만 원 내외(2023년 기준)가 들어간다. 요양을 받는 기간을 5년 내외로 잡아도 70만 원×12개월×5년=4천 3백만 원이 필요하다. 요양등급이 상급이 되거나 요양을 받는 기간이 길어졌을 경우 당연히 그만큼 비용 총액은 늘어나게 된다. 이런 비용을 노후 자금으로 충당하는 경우를 염두에 두고 노후 대책을 수립해야 한다.

Question 02
노후 파산을 막으려면 어떻게 해야 하나?

재산관리 패턴을 확 바꾸어라

재산이란 財(재물 재: 재물)와 産(낳을 산: 생산)이 합쳐진 글자이다. 돈을 버는 시기에는 재(財)에 관심을 가지고 돈을 쓰는 시기에는 산(産)에 관심을 가져야 한다. 즉, 현역에서 돈을 버는 때인 젊은 시절은 재산의 확장기이다. 예금이나 주식 투자를 하고 부동산에 투자해서 목돈을 만들어 가는 시기인 것이다.

그러나 은퇴 이후에는 지금까지의 재산관리 패턴을 확 바꾸어야 한다. 은퇴 이후에도 젊은 시절의 투자 패턴을 유지하다보면 실패하기 십상이다. 즉 재산을 모으는 것에는 관심을 끊고, 지금까지 모은 재산을 바탕으로 매월 필요한 생활비를 만들어야(産) 하는 시기이다. 이때에는 적은 금액이라도 꾸준히 들어오는 것이 중요하다. 연금, 월급, 이자, 배당금, 집세 등이 이에 해당한다.

부동산의 집착을 버려라

한국인은 유난히 부동산에 대한 집착이 강하다. 한국의 은퇴자들은 노후재산이 부동산에 지나치게 편중되어 있다. 부동산은 의식주에 필요한 것만 남기고 처분해서, 생활비와 의료비를 감당할 수 있는 정도의 소득을 미리 확보해야 한다.

노후에 30억 원이 넘는 재산을 가지고 있으면서도 생활비가 모자라서 쩔쩔매는 사람이 많다. 부동산에 대한 집착을 버리고 현금 자산을 확보해 두는 것이 중요하다.

일정한 정기소득을 만들어라

매월 일정한 정기소득으로는 연금만 한 것이 없다. 대부분 자녀를 노후 대책의 대상으로 생각한다. 자녀에게 모든 것을 걸고 뒷바라지를 한다. 하지만 자녀들도 먹고 살기 바쁘다. 100세 시대에 부모님의 생활비를 언제까지 보내주어야 하는가?

퇴직을 앞둔 사람이라면 퇴직금을 일시금으로 수령하기보다는 연금으로 수령할 것을 추천한다. 연금도 조기 수령하지 말고 최고 등급으로 가능한 한 늦추어서 수령하는 것이 좋다. 연금만으로 부족하다면 추가로 개인연금을 가입하거나, 비과세 혜택이 있는 금융상품에 투자하는 것도 좋다.

이미 은퇴할 시기를 지나서 새로운 연금소득을 만들 수 없다면 최후로 검토할 수 있는 방법이 현재 사는 주택을 담보로 주택연금을 받거나, 현재 농사를 짓고 있는 농지를 담보로 농지연금을 받는 것이다.

실손보험이나 생명보험은 유지해야한다

2021년 통계청의 사망원인 통계를 보면 10대 사망원인은 ① 암, ② 심장질환, ③ 폐렴, ④ 뇌혈관 질환, ⑤ 자살, ⑥ 당뇨병, ⑦ 치매, ⑧ 간질환, ⑨ 패혈증, ⑩ 고혈압의 순이다. 대부분이 장기간 치료를 필요로 하거나 고가의 치료비가 드는 질병이다. 나이를 먹을수록 의료비 지출은 늘어만 가는데 이때 보험을 해약해 버리면 대책이 없다.

대부분의 노후 파산이 평소의 치료비를 감당할 수 없게 되는 경우이다. 나이가 들수록 생활비 중에서 보험료가 차지하는 비중이 부담스럽다. 생활이 쪼들리다 보면 가지고 있던 보험도 해약을 하거나 규모를 줄이게 된다. 그렇다고 해약을 하면 노후에는 보험을 들어주지도 않는다. 생활이 어려울수록 건강 관련 보험은 해약하지 말고 반드시 유지해야 한다.

의료비 지출은 적금 들듯이

많은 고령자가 생명에 지장이 없으면 병원에 가지 않는 것을 당연하게 생각한다. 가령 두통이나 요통, 메스꺼움 등으로 병원을 찾았다가 진찰 결과 큰 병이 아님을 알고 나면 다음번 예약을 해 놓고도 병원에 가지 않는 것이다. 병원 측에서 연락을 해도 적당히 얼버무리고 가지 않는데, 사실은 치료비 부담 때문에 그렇다.

다소 불편하거나 잔병치레를 하더라도 몸을 움직일 수 있는 동안에는 어떻게든 살아갈 수 있다. 그러나 언젠가 몸을 움직일 수 없게 되는 순간, 좁은 침대에 누워 TV를 보면서 지내야 한다. 자신의 힘만으로 화장실 출입도 어렵고, 가사도우미 없이는 생활도 불가능하고, 간병인이 필요하고, 요양비와 의료비 지출로 서서히 노후 파산의 불씨를 지피는 것이다.

경제적으로 다소 부담스럽더라도 의료비 지출은 아끼지 말아야 한다. 건강관리와 의료비 부담은 적금 들듯이 평소부터 지출을 해야 한다. 계획적으로 건강관리를 잘하는 것이 결국은 큰 부담을 줄이고 노후 파산을 막는 길이다.

가족 중 한 명은 돈을 벌어야 한다

뇌경색 등으로 홀로 몸을 움직일 수 없게 되거나 치매가 악화 된다든지

하면 돌봄서비스를 이용하는 것도 한계가 있어서 가족 중 누군가 간병을 위해 일을 그만두게 된다. 부모가 큰 병에 걸리고 장기요양이 필요해지면 부모를 돌보기 위해 자녀가 일을 그만두고, 부모를 모시고 살다가 함께 공멸하는 사례가 있다.

80대 노부모를 둔 자녀들이라면 자기 자신도 50대 정도 되기 때문에 한 번 돌봄 이직을 하면 재취업은 거의 불가능하다. 따라서 가족 중 누군가는 일을 계속하는 것이 중요하다.

Question 03
기초연금 얼마나 받을 수 있나?

기초연금은 국민연금을 보완하는 제도

1988년 국민연금제도가 도입되었지만, 국민연금에 가입하지 못했거나 가입은 했음에도 기간이 짧아서 충분한 연금을 받지 못하는 사람에게 편안한 노후 생활을 지원하고자 기초연금을 지급하게 되었다.

65세 이상의 노인 중 소득기반이 취약한 소득인정액 하위 70%의 노인에게 기초연금을 지급함으로써 노인 빈곤 문제를 해소하고 노인의 생활 안정과 복지 증진에 기여하고자 2014년 5월 20일부터 「기초연금법」이 제정·시행되고 있다.

65세 이상인 사람 중에서 본인 및 배우자의 소득인정액이 180만 원 (단독 가구) 또는 288만 원(부부 가구) 이하인 노인이 그 대상이다. 2023년 기준 연금액은 월 32만 3,180원이다.

기초생활보장 수급자도 기초연금을 받을 수는 있다. 하지만 기초연금 지급액을 소득으로 인정하기 때문에 기초생활보장 급여의 금액에는 영향을 미친다. 기초생활보장제도는 '최후의 사회 안전망'으로서 본인의 소득과 재산, 부양의무자의 지원, 기초연금을 포함한 여러 지원 제도에도 불구하고 소득인정액이 최저생계비에 미달할 경우에 그 차액을 지원해 주는 제도이기 때문이다.

국민연금을 받고 있어도 기초연금을 받을 수 있나

국민연금을 받고 있다고 해서 기초연금을 받지 못하는 것은 아니다. 기초연금의 소득인정액 요건 등을 충족하면 기초연금을 받을 수 있다. 다만, 국민연금 수령액이 월 48만 4,770원 이하인 사람은 전액, 그 이상이지만 소득인정액 이하인 사람은 매월 15~30만 원의 기초연금을 받을 수 있다 (2023년 1월 기준).

공무원연금 수급자도 기초연금을 신청할 수 있나

공무원연금, 사립학교교직원연금, 군인연금, 별정우체국연금의 수급자와 그 배우자는 원칙적으로 기초연금 지급대상에서 제외된다(「기초연금법」 제3조, 동법시행령 제5조). 다만, 퇴직일시금이나 퇴직연금일시금 수령 후 5

년이 경과하면 해당이 된다.

65세가 되면 자동적으로 기초연금 대상자가 되나

기초연금을 받으려는 사람 또는 그 친족, 그 밖의 관계인은 특별자치시
장·특별자치도지사·시장·군수·구청장에게 기초연금의 지급을 신청할
수 있다. 따라서 신청이 없으면 지급해 주지 않는다.

기초연금의 지급을 신청하려는 사람은 만 65세의 생일이 속하는 달의
1개월 전부터 그 사람의 신분을 확인할 수 있는 서류(주민등록증, 자동차운
전면허증, 장애인등록증, 여권 등)를 갖추어 특별자치시장·특별자치도지사·
시장·군수·구청장(자치구의 구청장을 말함)에게 기초연금을 신청할 수 있
고, 접수한 날부터 30일 이내에 결정 결과를 통지를 받을 수 있다. 자세한
내용은 보건복지부 기초연금 홈페이지를 통해서 확인할 수 있다.

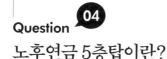

Question 04
노후연금 5층탑이란?

노후보장의 핵심은 소득이 없는 시기를 맞이해서도 여유로운 생활을 할
수 있도록 설계하는 것이다. 그 중에서 가장 효과적인 것이 연금이다. 연
금에는 여러 가지 종류가 있기 때문에 필요에 따라서 복층 구조로 준비하

면 좋다. 보통은 1, 2, 3층만으로 노후 준비가 완벽하지만 이것으로 부족하다면 4층과 5층도 이용하는 편이 좋다. 자신의 자산 규모를 보아서 부족하면 층수를 높이는 수밖에 없다.

지하층(기초생활보장+기초연금)

먼저 기초생활수급자가 있다. 기초생활수급자는 국민의 최소한의 생활을 보호하기 위한 장치로서 「국민기초생활보장법」에 따라 국민의 세금으로 지원하는 제도이다. 연령과는 상관이 없다. 국민의 보호라는 차원에서 생계급여와, 주거 지원, 의료보호 제도, 교육비 지원 등을 하는 제도이다.

다음으로 기초연금이 있는데 이는 소득인정액 하위 70% 이하의 65세 이상의 노인에게 지급하는 제도이다. 기초생활 수급자 또는 국민연금수급자라도 해당자는 중복수령이 가능하다. 다만 공적연금(공무원연금, 사학연금, 군인연금, 별정우체국연금 등) 수급자는 지급대상에서 제외된다. 연금이라는 용어가 들어가 있지만 사실상 연금이 아니라 국가와 지방자치단체의 예산으로 지원하는 것이다.

1층(공적연금)

공적연금에는 국민연금과 직역별 연금이 있다. 국민연금은 1988년에 「국민연금법」이 제정되면서 도입된 제도이다. 국민연금은 만 18세 이상 만 60세 미만 국민이면 가입대상이 된다. 최소 가입기간 10년을 채웠을 때 해당 연령이 되면 노령연금을 받을 수 있는데, 1952년생 이전출생자는 만 60세부터 받을 수 있다. 하지만 고령화 추세를 반영하여 1953~1956년생은 만 61세, 1957~1960년생은 만 62세, 1961~1964년생 만 63세, 1965~1968년생은 만 64세 그리고 1969년생 이후 출생자는 만 65세부터 노령연금을 받을 수 있다.

국민연금공단 발표에 따르면 2022년 현재 20년 이상 가입하고 노령연금을 받는 수급자는 76만 2,643명이고 월평균 연금액은 97만 227원이다. 전체 수급자의 월평균 연금액은 57만 2천 원이고 월 100만 원이 넘는 수령자는 46만 6,613명으로 나타났다.

직역별 연금의 경우에는 공무원연금, 사립학교교직원연금, 군인연금, 별정우체국직원연금 등이 있는데, 대표적인 공무원연금의 1인당 월평균 급여액은 248만 원으로 국민연금과는 차이가 있다. 이렇게 차이가 나는 이유는 2019년 기준 평균가입기간이 국민연금은 17.4년이지만, 공무원연금은 26.1년이고, 보험료율도 국민연금은 9%(직장 가입자는 본인 4.5%, 사용자 4.5% 부담)이지만 공무원연금은 18%(본인 9%, 국가 9% 부담)로 2배에 달하기 때문이다. 그러므로 국민연금과 공무원연금을 단순 비교하는 것에는 무리가 있다.

2층(퇴직연금)

퇴직연금이란 근로자들이 노후에 안정적인 생활을 유지할 수 있도록 소득을 보장하는 제도이다. 퇴직금은 근속연수 1년 이상인 근로자가 퇴직

할 때 지급하는 것으로, 근속연수 1년에 대해 30일분 이상의 평균 임금을 일시금으로 받게 된다.

기업이 퇴직금을 지급하는 대신 퇴직연금을 운용하는 이유에는 여러 가지가 있지만, 가장 대표적인 것은 바로 금전적인 부담을 줄이기 위함이다. 근로자가 퇴직하면 기업은 한꺼번에 목돈을 지급해야 하는데, 미리 퇴직금에 대한 준비를 해놓지 않으면 금전적인 부담을 느낄 수 있다. 반대로 근로자는 기업이 퇴직금을 지급할 여력이 없으면 퇴직금이 체불되는 상황이 발생할 수 있다.

내가 가입한 퇴직연금의 형태가 무엇이고 지금까지 적립된 금액이 얼마인지 알고 싶으면 금융감독원의 통합연금포털 사이트에서 조회해보면 된다.

퇴직연금의 종류는 확정급여형(DB), 확정기여형 퇴직연금제도(DC), 개인형퇴직연금제도(IRP)가 있다.

① 확정급여형(DB)

기업이 매년 일정금액을 금융회사에 적립운용하고 근로자는 사전에 확정된 금액을 받는 형태이다. 확정급여형은 퇴직당시의 30일분 평균임금×근속연수로 계산한 금액을 받게 된다.

② 확정기여형 퇴직연금(DC)

기업에서 근로자 연봉의 1/12을 금융기관에 매월 근로자의 개별계좌에 납입하기 때문에 목돈에 대한 부담을 줄이고 법인세를 절감할 수 있다. 근로자는 체불

걱정을 하지 않아도 되고 자기계좌의 금액을 운용할 상품을 선택할 수 있다.

③ 개인형 최직연금제도(IRP)

근로자가 재직 중에 직접 가입하는 형태로 이직이 잦거나, 단기 근속을 자주 하는 경우 유리하다. 연간 최대 1,800만 원까지 납입할 수 있고, 최대 700만 원(연금저축 400만 원 포함)까지 세액공제가 된다. 운용기간 중 발생한 수익은 퇴직급여 수급 시까지 과세가 면제되고, 퇴직급여 수급 시 연금이나 일시금 형태로 수급할 수 있다.

3층(개인연금)

개인연금에는 연금저축, 연금보험, 변액연금, 즉시연금, LTC연금 등 다양한 연금이 있다. 개인연금을 잘 이용하면 노후를 든든히 지켜줄 연금복층 구조를 완성시킬 수 있다.

① 연금저축

연금저축은 세액공제 혜택을 받을 수 있다는 장점이 있기 때문에 근로소득세나 사업소득세를 내고 있는 직장인과 자영업자, 근로소득자가 가입하면 좋다. 각자의 연봉과 수입에 따라서 세액공제금액도 달라질 수 있으므로 잘 살펴보아야 한다. 은행, 보험회사, 증권(투신)사에서 모두 취급한다. 만기가 되면 한꺼번에 목돈으로 받거나 매월 일정금액으로 나누어 받을 수 있다. 절세 혜택도 받으면서 향후 노후 연금으로도 활용할 수 있다.

② 연금보험(공시이율 적용)

고액 연금 설계를 원하는 사람은 보험회사의 전통형 연금보험에 가입하는 것도 좋다. 가입금액에 한도 제한이 거의 없고, 5년 이상 납입, 10년 이상 유지하면 완전 비과세이다. 자영업자나 직장인 등 모두 가입이 가능하므로 자유직업 종사자, 주부 등이 일반 연금보험에 가입하면 더욱 효과적이다.

③ 변액연금

보험사의 전통형 연금보험에 투자 기능을 추가한 상품으로 저축, 투자, 보장, 연금 기능을 두루 갖추고 있다. 10년 이상 장기적인 투자로 평균 금리 이상의 투자 수익을 원하면서 어느 정도의 안정성을 확보하고자 한다면 변액연금에 가입하는 것이 좋다. 노후준비를 필요로 하는 자영업자나 직장인 모두 가입이 가능하다. 다만, 본인의 투자 성향을 꼼꼼히 따져보고 투자에 관심이 있으면 가입하도록 한다.

④ 즉시연금(거치형 연금 포함)

목돈을 일시에 예치하고 가입 다음 달부터 연금을 수령할 수 있는 상품이다. 비과세 즉시연금(거치형 포함)과 종신연금형은 비과세 혜택이 가능하지만 상속연금형은 2억 원 초과분에 대해 과세가 된다. 현재 목돈을 매월 받고 싶거나 고액 자산가로서 금융소득종합과세를 피하고자 한다면 가입을 검토할 만하다.

⑤ LTC(장기 간병) 연금

안정적인 연금 지급과 함께 장기 간병(LTC) 자금을 보장하는 상품으로, 장기간 치료를 받아야 하는 병이 발생하면 통상 10년간 2배의 연금액을 지급한다. 급속한 고령화와 장기 간병을 요하는 노령 인구의 증가에 따라 개발된 상품으로 노후의 건강이 우려된다면 가입을 검토해 볼 만하다.

4층(주택연금, 농지연금)

주택연금은 집이 있는 노인들의 노후 대책 수단이다. 자신이 거주하는 주택을 담보로 맡기고 그 집에 그대로 거주하면서 평생 또는 일정기간 매달 국가가 보증하는 연금을 받는 제도이다. 주택소유자 또는 배우자가 만 55세 이상(근저당권 설정일 기준)이고 공시가격 등이 9억 원 이하인 1주택자(다주택자의 경우 합산금액)의 주택을 담보로 맡기고 매월 일정한 연금을 받는 방식이다. 한국주택금융공사 홈페이지에서 자세하게 알아볼 수 있다.

농지연금은 농지를 가진 농업인의 노후 대책 수단이다. 원리는 주택연금과 비슷하다. 주택을 담보로 맡기는 주택연금처럼 영농에 이용되는 논, 밭, 과수원을 담보로 맡기고 매월 연금을 받는 제도이다.

가입자격은 65세 이상으로 5년 이상 농사를 지으면 자격을 얻는다. 농업인은 직장인처럼 적금이나 연금을 들어서 노후를 준비할 기회가 적어서 추가로 노후 대책이 필요하다. 은퇴 후 귀농을 준비하거나 시골에서 노부모가 농사를 짓고 있다면 농지연금에 대해서 관심을 가질 필요가 있다. 자세한 것은 '농지은행·농지연금 토탈서비스' 홈페이지를 참조하면 된다.

5층(평생소득, 재취업, 투자수익)

건강하게 오래도록 일하는 것만큼 확실한 노후 대책은 없다. 꾸준하게 50만 원의 수익이 생기는 것이 2억 원의 목돈보다 좋다. 2억 원의 자산을 연 3%로 투자할 수 있어야 겨우 월 50만 원의 수익을 낼 수 있다.

50대 후반이나 60대 초반에 퇴직한 사람은 재취업 시장을 찾아보는 것도 좋다. 임금이 다소 낮더라도 오래 근무할 수 있는 곳을 찾아보아야 한다. 60대 후반에서 70대 초반의 사람은 재취업보다는 새로운 직업에 도전해 보는 것이 좋다. 자금이 필요 없고, 책임이 적으며 주로 자신의 육체를 움직이는 단순한 직업을 찾아보는 것이 좋다. 70대 중반 이후에는 돈을 버는 취업 시장에 뛰어 들기가 상당히 어렵다. 취업보다는 봉사를 하면서 보람을 찾는 일을 해보는 것도 좋다.

노후연금 5층탑

층별	부담자	종류				관련 법률
5층	추가소득 (개인)	재취업(일자리), 투자수익(부동산등)				
4층	부동산담보 (개인)	주택연금 (개인주택담보)		농지연금 (개인농지담보)		
3층	개인연금 (개인)	연금저축		연금보험		
2층	퇴직연금 (기업)	DB형 (확정급여형)	DC형 (확정기여형)	IRP (개인형퇴직연금)		근로자퇴직 급여보장법
1층	공적연금 (국가+개인)	공무원연금	사립학교 교직원연금	군인연금	별정우체국 직원연금	각 직역별 개별연금법
		국민연금(노령연금) 60세(52년생 이전)~65세(69년생 이후)				국민연금법
지 하 층	기초연금 (국가)	65세 이상, 소득인정액 하위 70%				기초연금법
	기초생활 수급(국가)	소득인정액 30~50%, 생계급여, 주거급여, 의료급여, 교육급여				국민기초생활 보장법

Question 05

노후 대책 역시 부동산이 좋을까?

집값은 오르기만 하나

'집값은 계속 오른다'는 집값에 대한 신화가 앞으로도 계속 될까? 산업화 시대를 거치면서 우리는 집 한 칸 마련하는 데에 전력투구해 왔고, 그 결과 부동산을 기반으로 재산을 축적한 것도 사실이다. 그러나 이제는 더 이상 과거의 눈으로 부동산을 보아서는 안 된다. 부동산에 대한 생각을 바꿔야 한다.

2021년 현재(자료갱신일 2023.1.25.) 우리나라의 가구 수는 2,144만 8 천 가구이고 주택 수는 2,191만 7천 채로 실질주택보급률은 102.2%이다. 집 한 채 갖기 힘들다는 서울도 94.2%로 거의 100%에 가깝다. 원룸과 오피스텔까지 포함하면 아마도 주택 보급률은 훨씬 높아질 것이다. 이 통계는 많은 것을 시사한다. 과거처럼 주택 수요가 급격히 늘어나지 않을 것이고, 이런 통계가 미리 반영되어 집값도 떨어질 수 있다는 점이다.

큰 평수의 집이 계속 필요할까

2022년 한국의 사회지표에 따르면 65세 고령자 비율이 2000년에는 7.2%에서 2022년에는 17.5%로서 지난 20년간 2배 이상 늘었다. 가구당 평균 인원도 2000년의 3.1명에서 2021년에는 2.3명으로 지난 20년 간 1명 가까이 줄었다. 이를 통해 고령화와 핵가족화가 동시에 빠르게 진행되는 것을 알 수 있다. 이미 부부 가구 또는 1인 가구가 대세인 것 같다. 부부 가구 또는 1인 가구가 늘어나면서 앞으로 우리나라도 대형 주택의 수요가 줄고 소형 주택을 선호할 전망이다.

그런데도 여전히 자녀를 독립시킨 부부가 큰 평수의 주택을 고집하는 경우가 있다. 자녀가 결혼하면 새로운 식구가 들어오기 때문에 큰 집이 필요하다고 주장하는 사람도 있다. 1년에 몇 번 머물다 갈지도 모르는 자녀 때문에 그렇게 넓은 집을 유지할 필요는 없다. 매월 관리비와 재산세 등 유지비도 부담이 될 수 있다. 부부만 남거나 1인 가구가 되는 것에 대비해서 주택의 규모를 줄이고 적당한 면적의 주택을 소유하는 것도 좋다.

집에 대한 생각을 바꾸자

집에 관한 모든 문제는 가격적 측면을 떠나 라이프 스타일을 고려해야 한다. 왕성한 현역 시절에는 주택이 보금자리인 동시에 좋은 투자 수단이었다. 그러나 퇴직 후에는 집에 대한 생각을 바꾸어야 한다. 자녀 말고는 찾아올 사람도 없다. 부부 가구 아니면 혼자 살아야 한다. 자주 가는 병원이나 시장은 가까운지, 노부부가 살기에 적합한 크기인지, 이웃은 어떤 사람인지 등을 잘 살펴야 한다.

고령사회를 일찍 경험한 일본의 경험을 참고할 만하다. 일본에서는 고령자 노부부만 살거나 배우자 사별 후 혼자 거주하는 경우에 18~20평쯤 되는 작은 집을 고른다. 입지적으로는 쇼핑, 병원, 취미, 오락, 친교를 가까운 데서 해결할 수 있는 도시 지역이고, 그중에서도 병원이 가까운 곳을 가장 선호한다고 한다.

부동산 임대사업은 어떨까

노후에 임대료 나오는 건물 하나 있으면 얼마나 좋을까? 안정적인 생활비가 나오는 건물 한 채 갖는 것이 많은 사람의 로망이다. 하지만 임대사업은 생각처럼 우아한 것만은 아니다. 임차인이 제때 임대료를 내지 않으면 독촉도 해야 하고 때로는 싸울 각오도 해야 한다. 이런 일로 임차인과 다투는 게 싫어서 부동산 전문가에게 관리를 부탁하면 별도의 수수료가 들어간다.

임대건물이 상가라면 상권의 변화도 잘 살펴야 한다. 특히 지방 중소도시의 경우 신시가지 개발로 번화했던 상권이 갑자기 몰락할 수도 있다. 노후생활비를 상가에서 나오는 임대료에만 의지하다 보면 경제적인 난관에 봉착할 수도 있다.

Question 06
주택연금 얼마나 받을 수 있나?

살고 있는 집 한 채뿐인데 어떻게 하나

은퇴 전에 살던 집을 줄여 작은 집으로 옮긴다 해도, 늘어난 후반 인생 30년을 생각하면 생활비가 턱없이 부족하다. 그런데 가진 것이라곤 살고 있는 집 한 채뿐이라면 어떻게 해야 할까? 이때 가능한 것이 바로 주택연금이다. 외국에서 은퇴자를 위해 실시되는 '역모기지론'이 우리나라에서는 주택연금이라는 이름으로 시행되고 있다.

주택연금의 가장 큰 장점은 대출금 상환방식이다. 대출금은 나중에 부부가 모두 사망한 후에 주택을 처분해서 정산하면 되고 연금수령액이 집값을 초과하여도 상속인에게 청구하지 않는다. 반대로 집값이 남으면 상속인에게 돌아가기 때문에 합리적인 상속이 된다.

주택연금이란

소유하고 있는 주택을 담보로 맡기고 그 주택에 계속 거주하면서 일정기간 동안 매월 연금을 받는 제도이다. 도시근로자 대부분이 노후 대책으로 집 한 채밖에 없는 경우가 많기 때문에 노후 대책이 부족한 경우가 많다. 국민연금 등 공적연금이 미비한 우리나라 상황을 감안할 때 주택연금은 집을 소유하고 있는 고령층의 노후 생활 안정을 위한 확실한 복지정책이다.

주택의 경우 주택소유자 또는 배우자가 만 55세 이상(근저당권 설정일 기준)이어야 한다. 우대 방식은 주택소유자 또는 배우자가 만 65세 이상(기초연금 수급자)이어야 한다. 주택보유수는 부부 기준 공시가격이 9억 원 이하 1가구 주택 소유자이어야 한다. 다주택자라도 공시가격 등의 합산 가격이 9억 원 이하라면 가능하다. 9억 원을 초과하는 2주택자는 3년 이내에 1주택을 팔면 가능하다. 대상 주택은 일반주택, 노인복지주택 및 주거목적 오피스텔이 해당된다. 「농지법」상의 농업인주택, 어업인주택 등 주택 소유자의 자격이 제한되는 주택은 주택연금 가입이 불가능하다.

주택연금 지급방식

① 종신방식: 월지급금을 평생 동안 받는 방식이다. 종신방식은 인출한도(대출한도의 50% 이내)를 설정하느냐에 따라 종신지급방식과 종신혼합방식으로 구분된다.

② 확정기간방식: 고객이 선택한 일정기간(10~30년) 동안만 월지급금을 받는 방식이다.

③ 대출상환방식: 주택담보대출 상환용으로 인출한도(대출한도의 50% 초과 90% 이내) 범위 내에서 일시에 찾아 쓰고 나머지 부분을 평생 동안 매월 연금형태로 지급받는 방식이다.

④ 우대방식: 부부 기준 2억 원 미만 1주택 보유자가 종신방식(정액형)보다 월지급금을 최대 약 21% 우대하여 지급받는 방식이다. 인출한도(대출한도의 45% 이내)를 설정하느냐에 따라 우대지급방식과 우대혼합방식으로 구분된다.

예상연금 수령액

예상연금 수령액은 가입자의 연령, 주택 가격, 지급 방식에 따라서 다르다. 일반주택을 맡기고 종신방식으로 지급받는 정액형의 예를 들면 월 수령액은 다음과 같다.

일반주택, 종신지급방식, 정액형의 경우(예시)　(단위: 천 원)

연령별	주택가격				
	1억 원	3억 원	5억 원	7억 원	9억 원
60세	213	641	1,069	1,786	1,924
65세	255	765	1,276	2,160	2,296
70세	308	926	1,543	2,661	2,756
75세	380	1,140	1,901	2,970	2,970
80세	480	1,440	2,400	3,302	3,302

주택연금 신청 전 고려사항

현재 살고 있는 주택을 담보로 주택연금을 신청하기 전에, 일단 그 집에서 얼마나 오래 살 생각인지 따져봐야 한다. 물론 도중에 이사를 가게 되면 주택연금을 갚으면 된다. 주택 가격이 많이 오르면 중도에 팔아서 주택연금을 갚을 수도 있지만 앞으로 주택의 시세가 어떻게 될지는 모른다. 따라서 적어도 10년 이상은 그 집에 살 것을 각오하고 주택연금을 받아야 한다.

농지연금 얼마나 받을 수 있나?

우리나라의 경우 농업인의 노후 준비는 다른 직업군에 비해서 부실한 형편이다. 전체 농업인 중 노후 준비가 되어 있는 경우는 61.2%로 나타났다. 노후 대책이 부족한 농업인의 상황을 감안할 때 농지연금은 고령층 농업인의 노후 생활 안정을 위해 꼭 필요한 복지정책이다.

농지연금이란

만 60세 이상 고령농업인이 소유한 농지를 담보로 맡기고 노후 생활 안정자금을 평생 동안 매월 연금으로 지급받는 제도이다. 농지연금을 받던 농업인이 사망할 경우 배우자가 승계하면 배우자 사망 시까지 계속해서 농지연금을 받을 수 있다(단 신청 당시 배우자가 60세 이상이고 연금승계를 선택한 경우에 한함). 연금을 받으면서 담보농지를 직접 경작하거나 임대할 수 있어 연금 이외의 추가 소득을 얻을 수도 있다.

농지연금 가입 요건

농지연금 가입 조건은 연령, 영농경력, 대상농지 조건을 갖추어야 한다. 가입 연령은 신청연도 말 기준으로 만 65세 이상이어야 한다. 배우자가 만 60세 이상인 경우는 승계형으로 가입이 가능하다. 영농경력은 기간 내 합산이 가능하고 만 5년 이상이어야 한다. 담보농지 조건은 실제 영농에 이용되고 있는 농지로서 공부상 지목이 전, 답, 과수원이고 2년 이상 보유한 농지이어야 한다.

농지연금 지급 방식

농지연금은 평생 동안 수령하는 종신형, 일정 기간을 설정하여 수령하는 기간형이 있다.

① 종신형: 월지급금을 평생 동안 받는 방식이다. 종신형에는 대출한도의 30%까지 일시에 인출할 수 있는 일시인출형, 가입 초기 10년 동안 더 많은 연금을 받는 전후후박형, 매월 일정액을 종신 지급받는 종신정액형이 있다.

② 기간형: 고객이 선택한 일정 기간 동안만 월지급금을 받는 방식이다. 기간형에는 지급기간(5년, 10년, 15년) 만료 후 담보농지를 매도할 것을 약정하고 일반형보다 더 많은 연금을 수령하는 경영이양형과, 일정 기간(5년, 10년, 15년) 동안 매월 일정금액을 지급받는 기간정액형이 있다.

③ 기간정액형의 경우에는 15년형은 만 68세 이상, 10년형은 만 73세 이상, 5년형은 만 78세 이상이어야 가입할 수 있다.

예상연금 수령액

예상연금 수령액은 가입자의 연령, 농지 가격, 지급 방식에 따라서 다르다. 일반농지를 맡기고 종신정액형으로 지급받는 경우의 예를 들면 월 수령액은 다음과 같다. 자세한 사항은 농지은행의 '농지연금포탈'에서 조회가 가능하다.

일반농지, 종신지급, 정액형의 경우(예시) (단위: 만 원)

연령별	농지 가격				
	1억 원	2억 원	3억 원	4억 원	5억 원
65세	38	77	115	153	192
70세	43	86	129	173	216
75세	49	99	148	197	246

농지연금 신청 전 고려 사항

농지연금도 주택연금과 마찬가지이다. 요즘은 농지 임대가 어렵기 때문에 농사를 짓지 않으면 여러 가지 제재가 따르게 된다. 농지가격이 많이 오르면 농지를 팔아서 갚을 수도 있겠지만 그렇지 않으면 일시에 연금을 모두 갚고 농지를 처분해야 한다. 적어도 앞으로 10년 이상 그 농지에서 농사를 지을 생각을 가지고 농지연금을 신청해야 한다.

심신 건강 대비책

Question **01**

노년의 신체 건강 어떻게 관리하나?

노화의 과정을 받아 들여라

노화의 신체적 변화는 첫째가 피부 주름과 머리카락이고 둘째는 신장과 체중의 감소이다.

40~50대부터 시작되는 피부의 주름은 지방을 분비하는 피지선 (Sebaceous gland)이 감소하면서 생기는 현상으로, 65세 이상이 되면서 신체 지방의 재분배에 따라 피부의 각질이 변화하여 피부가 거칠어지고 탄력성이 급격히 떨어진다.

얼굴, 목 등의 피부 밑에 있던 지방이 줄어들면서 피부 주름 특히 목의 주름이 먼저 나타난다. 나이가 들면서 흰 머리만 늘어나는 것이 아니라 머리카락의 굵기도 가늘어지고 탈모도 함께 늘어난다.

노년기가 되면 키가 서서히 줄어든다(평균 4~5cm 정도). 줄어드는 것은 키뿐만이 아니다. 30~40대에 증가했던 몸무게도 서서히 줄어든다(남자는 평균 2.25%, 여자는 2.5% 감소). 나이가 들면서 키가 줄고, 몸무게가 줄어드는 것은 자연스런 노화의 과정이다. 걱정하지 말고 받아들이면 된다.

순발력과 감각 능력의 저하를 인정하라

청년기에는 '평형(Equilibrium)으로의 복원력(Restoring force)'으로 순간적인 순발력이 뛰어나지만 40대 이후부터 순발력 저하가 시작되면서 신체의 적응력, 회복력, 항상성이 감소하기 시작한다. 노년기에 접어들면서 빠른 순간적 적응 능력이 떨어지게 된다. 이를 일반적으로 '몸이 말을 듣지 않는다'고 한다.

노인이 되면서 시력 저하를 경험하지만 색채 지각능력의 저하, 노란색, 오렌지색, 붉은색에 비해 보라색, 남색, 파랑색을 잘 구별하지 못하는 황화현상이 발생한다. 청각도 무뎌지는데 저음을 듣지 못하고 고음에 둔해지고 난청을 겪는 청각 능력의 저하도 일어난다.

주변의 소음 또는 잡음으로 인해 타인의 말을 잘 알아듣지 못하는 경우가 발생하게 된다. 청각의 둔화로 보청기 등의 보조 장치가 필요하게 된다.

미각과 후각의 정확성 감소 및 미각의 둔감성이 발생하면서 관행대로 맵고 짜게 먹게 된다.

근골격계의 변화와 심혈관 질환의 발생

노화의 진행에 따라 몸의 조직과 기능이 쇠퇴하면서 운동 능력과 기민성의 저하, 소화 능력의 감퇴, 혈관계 이상 등 건강 문제가 야기된다. 30세에서 90세에 이르기까지 기초대사율이 약 20% 감소한다. 근육량의 감소가 나타나 근 위축이 초래되고 근육의 탄력성도 감소한다.

심장혈관 계통의 변화로는 심박동수, 심박출량, 동맥의 탄력성 감소 등 기능이 퇴화하여 심장질환 관련 질병 발병률이 높아지고, 동맥경화증(동맥관이 두꺼워져서 동맥의 탄력이 떨어지게 되는 질환), 아테롬성 동맥경화증(동맥이 굳어지고 동맥 내부에 이물질이 쌓이는 질환으로 죽상경화증)이 발생한다.

연령 증가에 따른 신체의 변화(참고)

구분	40~65세	65~75세	75세 이상
신장	서서히 줄어듦	지속적인 감소	변화 속도 큼
피부	피부 탄력 저하 시작	피부 탄력 저하 계속	피부 탄력 저하 가속
감각 기능	50세부터 둔화 시작 노안으로 불편하지만 일상생활에는 문제없음	감각의 감소가 현저해지고, 개인에 따라 후각도 감소	대부분 감각의 감퇴가 가속하고, 후각과 청각의 감퇴 심화
체력과 스테미너	체력에는 큰 문제는 없으나, 심장과 폐 기능의 감퇴가 시작됨	보편적인 체력의 감퇴와 일상생활에 영향을 줄 정도의 스테미너 감퇴	체력의 감소가 일상생활에 영향을 미침

신경계	수상돌기(樹狀突起: 가지돌기)가 약간 감소함	수상돌기와 신경반응 속도가 감소하고, 신경세포도 감소	많은 신경세포 감소, 뇌의 무게 감소, 수상돌기 감소, 매우 늦어진 반응 속도
호르몬 변화	호르몬과 생식의 변화를 수반(폐경기)	남성의 테스토스테론이 서서히 감소	부수적인 테스토스테론 감소가 있으나, 그로 인한 변화는 적음
면역체계	면역체계 효율성 감소	면역체계 감퇴에 따른 질병의 위험	변화의 가속화

노인성 질환과 건강관리

나이가 들어 신체의 기능이 떨어지며 나타나는 질환을 노인성 질환이라고 한다. 노인성 질환은 여러 가지 특징을 가지고 있다. 노화로 인한 여러 가지 신체적 변화로 인해 여러 장기의 기능이 저하되어 있으며 이로 인해 약간의 이상에도 급격한 반응을 하게 된다. 노인성 질환은 서서히 만성적으로 진행하기 때문에 무엇보다도 질병의 조기 발견과 예방이 중요하다.

노령화에 따른 신체적인 노화는 젊은 시절에는 볼 수 없었던 어깨와 인대의 석회화, 근력 및 근지구력의 약화, 신경전달 속도의 지연, 근섬유 수의 점진적인 감소 등이 있다. 이로 인해 근수축력과 관절의 가동범위가 축소되어 쪼그려 앉기와 보행의 어려움이 생기고, 운동능력의 저하와 심리적 위축이 발생하기 때문에 낙상의 위험을 달고 살아간다.

넘어짐과 골절상을 조심하라

나이가 들면 잘 넘어진다. 넘어져서 다치는 것을 낙상이라고 한다. 낙상 사고를 조심해야 하는 것은 뼈가 금이 가거나 부러지기 쉽기 때문이다. 몸을 지탱해 주는 것은 뼈와 근육이다. 뼈는 내 몸을 유지하는 기둥에 해당하기 때문에 뼈를 다치면 마음대로 일어나거나 움직일 수 없어서 일상생활에 심각한 지장을 초래한다.

옛말에 '뼈 빠지게 일 한다'는 말이 있다. 일을 열심히 하는데 왜 뼈가 빠질까? 또 '골병 든다'는 말도 있다. 뼈를 다치는 것이 골병인데, 골병이 들면 어혈이 생겨서 혈액순환에 장애가 생기고 전반적으로 건강을 악화시킨다.

골병 들지 않기 위해서는 주변 환경을 바꾸어 주어야 한다. 침대에서 떨어져 다치는 경우도 가끔 본다. 이를 예방하기 위해 침대도 너무 높은 것을 쓰지 않는다. 목욕탕이나 변기에서 부상당하는 경우도 가끔 보는데, 목욕탕의 소재도 부드럽고 미끄럽지 않은 것으로 바꾸어서 넘어짐과 부상을 예방한다. 외출할 때는 서두르지 말고 천천히 걷는다. 계단을 오르내릴 때에는 손잡이를 꼭 잡고 다닌다. 집안에서도 붙잡을 수 있는 장치를 해두고 잡고 일어서도록 한다. 다리에 힘이 없다면 지팡이를 짚거나 누군가의 손을 잡고 이동한다. 노화는 부끄러운 것이 아니다. 우리의 부모 세대도 그렇게 살았다.

노화와 질병을 구분하라

노년이 되면 고혈압, 당뇨병, 심장병, 심부전, 전립선 질환, 관절염, 골다공증, 난청, 노인 호흡기 질환과 같은 만성질환으로 고통 받는 환자가 많아진다. 면역기능의 약화로 인해 합병증의 발생도 많다. 더구나 우울증이나 치매와 같은 정신질환까지 노년기를 위협하고 있다.

노년기 건강의 핵심은 질병을 노화로 생각하고 치료 시기를 놓치는 것이다. 건강한 노화, 성공적인 노화를 위해서는 질병을 예방하기 위해 노력해야 한다. 꾸준한 운동, 식생활과 생활습관, 낙천적인 사고를 생활화한다. 병원에 가는 것을 학교 가는 것처럼 자주 가는 것이다. 또 주치의를 정해놓고 정기적인 검진을 받는 것이다. 조기에 발견하면 암도 치료할 수 있는 시대가 되었다. 회복할 수 없는 질병에 걸리면 본인은 물론 가족에게도 커다란 짐이 된다.

Question 02

노년의 치매와 우울증 어떻게 하나?

노화에 따르는 부정적 정서

노인의 신체적 변화를 1차적 변화라고 한다면, 사회심리적 변화는 2차적 변화라고 할 수 있다. 노년기 생활에서 사회심리적 변화는 신체적 변화보

다 더 큰 영향을 미친다. 가정 내에서의 세대 갈등, 소외감, 우울감, 자신
감 상실 등을 경험하면 내성적이고 수동적인 성격으로 변하게 된다. 노화
에 따른 부정적 정서 극복을 위한 사회적, 정서적 보살핌이 필요하다. 일
상생활을 영위하는 데 있어서도 다양한 촉진과 조력이 필요하다.

노년기의 자아존중감 상실

자아존중감은 인생 여정을 통해 얻어지는 자신에 대한 느낌이다. 자신의
삶에 대한 스스로의 가치관에서 신체적·경제적·사회적 역할 상실은 노
년기 자아존중감에 영향을 미치게 된다.

자아존중감이 낮아짐으로써 노년기 우울감과 같은 심각한 정신적 문
제가 야기된다. 낮아진 자아존중감은 불안정한 자아상을 그리도록 만들
고 불안, 불면증, 두통, 욕구불만 등을 유발한다. 노년기 자아존중감은 성
인 자녀의 영향을 많이 받으며, 노인 후기에는 타인과의 상호작용의 빈번
한 정도, 상호작용의 질에 만족한 정도 등에 따라 영향을 받아서 노년기
의 고독감이 노인의 자아존중감을 낮추게 된다.

노년기의 정신질환 관리

노인 인구가 급격히 증가하면서 노인의 대표적인 치매성 질환과 대표적
인 정신과적 문제인 '소외감', '고독감'에 대한 관심도 커지고 있다. 노인
성 질환은 한 번 악화되면 다시 돌이킬 수 없고, 완치될 수 있는 약물이나
치료법이 없기 때문에 단순한 노화과정이 아니라 질병이라는 인식을 갖

는 것이 중요하다.

치매를 극복하라

치매는 기억력 감퇴, 사고력, 추리력 등 인지 기능이 저하되는 증후군이다. 옛날에는 치매(癡呆)에 걸리면 망령(妄靈)이 들었다고 했다. 치매(癡呆)는 어감이 좋지 않아서 일본에서는 인지증(認知症)이라고 한다. 치매는 자신이 어떤 행동을 했는지 알지 못하는 무서운 질병이기 때문에 노인들이 가장 두려워하는 질병이다. 치매에 대해 알려진 치료법은 없지만, 노년기의 상태를 예방하고 관리할 수 있는 몇 가지 방법이 있다.

① 신체 활동을 유지한다. 규칙적인 신체 운동은 뇌로 가는 혈류를 개선하고 염증을 줄이며 인지 기능을 개선하는 데 도움이 될 수 있다.
② 건강한 식단과 균형 잡힌 식단, 특히 과일, 채소 및 오메가-3 지방산이 풍부한 식단을 섭취하면 치매 예방에 도움이 될 수 있다.
③ 정신적 활동을 유지하고 외국어 등 새로운 언어 학습, 퍼즐 놀이 또는 독서와 같이 뇌에 도전하는 활동에 참여한다. 이것은 인지 기능을 향상시키고 치매 예방에 도움이 될 수 있다.
④ 당뇨병, 고혈압, 고콜레스테롤과 같은 만성질환은 치매 발병 위험을 증가시킬 수 있다. 건강한 식단을 따르고 처방에 따라 약을 복용하여 건강 상태를 관리해야 한다.
⑤ 충분한 수면을 취하는 것은 인지 기능을 유지하는 데 필수적이다. 매일 밤 7~8시간의 수면을 목표로 한다. 건강한 사회적 관계를 유지하면 우울증과 인지 저하를 예방하는 데 도움이 될 수 있다.

만성 스트레스는 뇌에 염증을 일으키고 치매 위험을 증가시킬 수 있다. 명상, 요가 또는 심호흡 운동과 같은 활동을 통해 스트레스를 관리한다. 인지 기능이 걱정되거나 치매 가족력이 있는 경우 담당 의사와 상담한다. 그들은 치매를 예방하고 관리하기 위한 맞춤형 계획을 개발하는 데 도움을 줄 수 있다.

소외감과 우울증을 극복하라

노년의 우울증은 신체적, 정신적 건강 상태, 사회적 고립, 사랑하는 사람의 상실, 생활환경의 변화 등 다양한 원인이 있을 수 있다. 노년기의 인지 저하(기억 상실, 치매 및 기타 인지 장애)는 노년기에 우울증을 유발할 수 있다. 배우자, 가족 또는 친한 친구와 같은 사랑하는 사람의 죽음은 노년기에 우울증을 유발할 수 있다. 혼자 살거나 사회적 고립도 노인의 우울증을 유발할 수 있다.

노년기의 우울증을 관리하기 위해서는 규칙적인 신체 활동은 필수이다. 운동과 신체활동은 기분을 좋게 하고 노년기 우울증의 위험을 줄일 수 있다.

가족 및 친구와 강한 사회적 관계를 유지하는 것도 노인의 우울증을 감소시킬 수 있는 강력한 치료제이다. 고령자는 치료사, 상담사 또는 지원그룹의 인지 및 정서적 지원을 통해 우울증에서 벗어날 수 있고, 어떤 경우에는 항우울제가 노년의 우울증 관리에 도움이 될 수도 있다.

술과 약물은 피한다. 술과 약물은 일시적으로는 고독감에서 해방되고 우울증에서 벗어나는 것처럼 느끼지만 오히려 우울증을 악화시킬 수 있으므로 피하거나 적당히 사용해야 한다.

과거의 편견을 벗어던져라

노인이 되면 과거에 습득한 지식과 경험에 매몰되어 자신의 가치관에 집착하기 쉽다. 또한 새로운 지식의 수용을 거부한다. 새로운 지식을 받아들이는 것에 대해 자신이 쌓아올린 가치관을 포기해야 한다는 안타까움과 죄책감을 느낀다.

자신의 가치관에 대한 새로운 지식정보는 도전이라는 생각을 가진다. 맹목적인 관습에 대한 집착으로 관습에 모순이 되는 새로운 지식의 수용에 반감을 가진다.

노년기 정신적 건강 관리

노년기의 정신적 건강관리를 위해서는 끊임없이 생각하고 연구하고 일을 하면서 손을 쓰는 것이 중요하다. 적당한 일거리가 없으면 사람과의 만남을 계속하는 것도 정신건강에 도움이 된다. 가족 간의 만남과 사교적인 모임을 정기적으로 유지한다. 종교에 귀의하여 신행 활동을 통해 사람을 만나고 일정한 직책이나 소임을 맡아서 활동하는 것도 좋다. 지역의 커뮤니티에 참여하여 봉사활동을 열심히 하는 것도 좋다. 골프, 파크골프, 자전거, 등산 등 적당한 운동을 함께 하는 것도 좋다.

노년의 외로움을 어떻게 달래나?

우리나라 사람들이 느끼는 '외로움', '고독'이 심각한 수준이다. 한국 성인의 87.7%가 '전반적으로 외로움을 느끼고 있다'는 조사 결과가 있다. 특히 노후에 부부가 사별하거나 자녀들과의 관계가 소원해지고 나면 그 외로움은 배가된다. 오랜 외로움은 건강의 적이자 독이다.

외로움의 원인과 해소 방법

한국인이 외로움을 느끼는 이유로는 ① 경제적 여유 부족(37.7%), ② 만날 사람이 없어서(34.4%), ③ 마음을 털어놓을 사람이 없어서(33.3%), ④ 다른 사람들의 행복한 모습과 비교돼서(30.4%), ⑤ 세상에 나 혼자만 있는 듯한 느낌이어서(29.7%), ⑥ 미래에 대한 불확실성 때문에 (28.9%) 등으로 매우 다양하게 나타난다.

한국인들은 TV 시청, 잠자기, 음악 감상, 음식 먹기 등 외로움도 혼자 해소하는 경우가 많다. 외로움 해소법으로는 ① TV 시청(44.7%), ② 잠자기(35.5%), ③ 음악 감상(35.3%), ④ 맛있는 음식 먹기(34.4%), ⑤ 영화 감상(31.9%), ⑥ 산책(30.6%) 등의 순으로 나타났다.

외로움은 건강의 적이다

외로움은 사랑하는 사람의 죽음, 이별, 실직, 경제적인 걱정 등과 함께 우울감 및 우울증을 일으키는 원인이 될 수 있다. 노인의 우울증은 인지기능을 저하시켜 치매 발생의 위험요인이 된다. 허리 통증, 골다공증, 난청까지 있으면 사회생활에 방해가 되며 가족 간의 교류에도 지장을 준다. 사회적으로 고립되면서 외로움과 우울감을 느끼기 쉽고 삶의 질이 떨어진다.

속마음을 털어놓을 친구를 만들어라

요즘 "속마음을 털어놓을 친구가 없다."는 얘기를 자주 듣는다. 실제로 어려운 일이 닥쳐도 혼자서 끙끙 앓다가 우울증을 앓는 경우가 있다. 육체적인 건강 못지않게 정신 건강도 매우 중요하다. 친구를 자주 만나고 나이 들어도 사회활동을 하면 스트레스나 불안, 우울, 외로움 등을 덜 수 있다. 고독은 자기 자신에로의 몰입감을 줄 수 있다. 장수 노인들처럼 느긋한 태도를 유지하고 신체 건강 못지않은 정신 건강으로 마음을 부지런히 움직여야 건강수명을 누릴 수 있다.

사람과의 관계를 유지하라

건강하게 장수한 사람들을 조사한 연구 결과를 보면 적절한 음식 섭취, 신체활동, 낙천적 성격 외에 주변 사람과의 교류를 들고 있다. 나이가 들어도 끊임없이 가족뿐 아니라 동네 사람, 친구들과 자주 만나 이야기해야 한다. 사회활동, 취미활동도 마찬가지이다.

나이 들었다고 각종 모임에서 빠지기 시작하면 점점 외톨이가 되고, 새로운 사람을 사귀기는 더욱 어렵다. 경제적으로 어렵더라도 친구나, 동창, 지역 커뮤니티 등 최소한의 모임은 유지하자. 가능하다면 새로운 모임에 참여해서 젊은 사람과의 교류도 필요하다. 장수 노인들은 외로움을 느낄 새가 없다.

Question 04
노후의 여가생활 어떻게 할까?

노인들은 자신의 관심과 능력, 건강 상태에 따라 다양한 방법으로 여가시간을 활용할 수 있다.

첫째, 자신의 취미를 추구한다. 노인들은 정원 가꾸기, 그림 그리기, 뜨개질, 글쓰기 또는 기타 즐기는 활동과 같은 취미에 몰두할 수 있는 시간이 있다. 과거에는 하고 싶어도 시간이 없어서 못했던 취미생활을 되살리면 시간도 잘 가고 삶의 질도 윤택해진다.

둘째, 신체 활동을 유지한다. 걷기, 수영 또는 요가와 같은 규칙적인 운동은 신체 건강과 이동성을 유지하는 데 도움이 될 수 있다. 새로운 운동을 시작하기 전에 의사와 상담하는 것도 중요하다.

셋째, 봉사활동에 참여한다. 지역 사회 조직이나 자선 단체를 위한 자원 봉사는 사회적 상호 작용뿐만 아니라 삶의 목적의식과 성취감을 제공하여 정신건강에도 좋다.

넷째, 새로운 기술 배우기에 도전한다. 노인들은 새로운 기술을 배우거나 지식을 연마하기 위한 다양한 형태의 문학 활동, 외국어, 컴퓨터, 휴대폰, 요리 수업, 기술 익히기와 같은 평생교육 프로그램에 참여하면서 새로운 세계를 경험할 수 있다.

다섯째, 사회적 연결을 유지한다. 가족 및 친구와 시간을 보내는 것은 사회적 안정감을 준다. 종교 활동에도 참여하고 사교행사에도 참여하는 것은 정신 건강을 유지하는 데 필수적이다.

마지막으로 여행을 한다. 집에만 있지 말고 외국이든 국내든, 가까운 곳이든 먼 곳이든 정기적으로 여행을 계획한다. 짧은 여행이든 긴 여행이든 새로운 장소로의 여행은 모험, 휴식, 새로운 경험의 기회를 제공한다.

궁극적으로 가장 중요한 것은 노인들에게 즐거움과 성취감을 주는 활동에 참여하고 신체적, 사회적, 정서적 웰빙을 우선시하는 것이다.

Question 05
경로우대 어떻게 활용할까?

외국에도 경로우대가 있나

전반적으로 노인들의 기여와 필요를 인식하고 그들을 지원하기 위해 우대 조치를 제공하는 많은 국가가 있다. 예를 들어 일본에는 연장자를 공경하는 문화가 있다. 많은 상점과 레스토랑은 노인에게 할인을 제공하고 대중교통은 일정 연령 이상의 개인에게 무료 또는 할인이 제공되는 제도가 많다.

미국에도 고령자에게 혜택과 서비스를 제공하는 연방 및 주(州) 프로그램이 있다. 노인 대상의 사회보장, 메디케어 및 노인을 위한 세금 감면을 제공하고, 주택 수리 및 기타 비용을 지원하는 프로그램 등이 있다.

캐나다는 65세 이상의 노인에게 기본 소득을 제공하는 노령보장 프로그램과 저소득층에게 추가소득을 제공하는 보장소득 보충을 포함하여, 노인을 지원하기 위한 다양한 프로그램과 정책을 시행하고 있다.

한국의 경로우대는 어떤 것이 있나

한국은 인구 고령화가 급속히 진행되면서 노인복지가 더욱 중요시 되고 있다. 1981년 제정된 「노인복지법」에서 국가 또는 지방자치단체의 수송

시설 및 고궁·능원·박물관·공원 등의 공공시설을 무료 또는 이용요금을 할인하여 이용하게 할 수 있게 하였다(「노인복지법」 제26조제1항).

만65세 이상의 노인은 주민등록증·운전면허증·여권 등 신분증만 제시하면 언제든 지하철을 무상으로 이용할 수 있다. 시외·고속버스는 할인되지 않으며, KTX·새마을호·무궁화호 기차는 30% 할인요금이 적용된다.

대부분의 시내버스는 요금 할인이 없다. 각 지자체별로 '선사용 후정산' 방식으로 노인의 시내 버스비를 후불로 지원해주는 곳도 있다. 각 지자체의 형편에 따라서 각양각색이다. 목욕·이발 같은 경로우대업종의 노인할인율은 지자체별로 시행한다. 경로우대 무료 목욕권을 지급하는 지자체도 늘어나고 있는 추세이다.

경로우대 시설의 종류 및 할인율(「노인복지법시행령」 별표1)

경로우대시설의 종류와 할인율은 「노인복지법 시행령」에서 구체적으로 정하고 있다.

시설의 종류	할인율
수도권 전철, 도시철도	100%
고궁(古宮), 능원(陵園), 국공립공원, 국공립박물관, 국공립미술관	100%
통근열차, 국공립국악원, 국가지자체 출연, 경비지원 시설	50%
무궁화호, 새마을호(공휴일 제외)	30%
시내버스	(지자체별로 상이함)

경로우대 교통카드

수도권 전철 경로우대 카드의 경우 발급에 있어서는 서울특별시(어르신 교통카드)와 경기도(G-PASS카드)로 나눠져 있지만, 수도권 전철은 모두 이용할 수 있다. 광역시 교통카드의 경우 복지교통카드(부산광역시, 대전광역시), 우대용교통카드(대구광역시), 어르신교통카드(광주광역시) 등 이름은 약간씩 다르지만 내용은 유사하다. 해당 광역시에서 발급받고 거주지 광역시만 이용할 수 있다. 우대용 교통카드는 승하차 시에 일반인처럼 "삑" 소리가 나는 것이 아니고 "삑삑"하는 소리가 나기 때문에 역무원이 우대 카드 여부를 쉽게 알 수 있다.

1회용 교통카드

지방에 거주하는 65세 이상의 어르신들은 경로우대 교통카드가 없어도 1회용 교통카드를 이용해서 무임승차를 할 수 있다. 각 역마다 1회용 교통카드 발급기가 있다. 이곳에서 신분증을 스캔하고 보증금 500원을 투입하면 1회용 교통카드가 나온다. 1회용 교통카드를 이용해서 목적지 역에 내리면 그곳에 보증금환급기가 있다. 이곳에 다 쓴 1회용 교통카드를 넣으면 보증금 500원이 환급된다.

국·공립공원 등의 입장료

전국의 국립공원, 고궁 등의 입장료는 무료이다. 신분증을 제시하면 무료입장권을 발급한다. 다만, 사찰 등의 문화재관람료는 별도이다. 지방자치단체가 운영하는 시설의 경우에는 대부분 지역주민 할인이나 경로할인이 있지만 무료가 아니고 할인이라는 점을 유의해야 한다.

경로우대는 어떻게 활용할까

우리의 어른들은 농경 시대와 산업화 시대를 거치면서 혹독한 가난을 경험하였다. 자신을 희생해서 식량자급을 달성하고 경제와 민주화를 달성한 유공자이다. 이분들이 세금으로 마련한 국가시설을 이용하는 데 작은 보상을 하는 것은 너무나 당연한 일이다.

노인들은 경로우대를 이용하는 데 주저함이 있어서는 안 된다. 경로우대를 떳떳하게 이용해서 국립공원도 가고 고궁과 박물관 나들이도 하자. 경로우대가 노인의 건강과 삶을 유지하는 데 큰 역할을 하고 있다. 경로우대를 활용해서 경로우대증이 노인행복증이 되도록 하자.

일자리와
노후 지원

Question **01**

노후에도 일을 해야만 하나?

노후에도 생계를 위해서 일을 해야만 한다면 다소 내키지 않을 것이다. 그러나 노후의 일은 꼭 돈벌이를 위해서만은 아니다. 30여 년간 일을 통해서 자신의 몸값을 높여 왔는데, 하루아침에 실업자가 되고 하는 일 없이 30년 세월을 허송한다는 것은 지옥 그 자체이다. 일을 하는 사람이 일이 없는 사람보다 8년 정도 건강하게 오래 산다는 연구도 있다.

사람이 언젠가는 죽듯이 언젠가는 퇴직을 하고 실직자가 되는 것 또한 당연하다. 은퇴 후에도 일을 하는 것은 꼭 경제적인 이유만은 아니다. 지난 30여 년 동안 아버지라는 호칭보다도 대리님, 과장님, 부장님, 상무님 소리를 더 많이 들었다. 직업을 통해서 경제적으로 자립하고 사회적 지위가 올라가고 직업을 통해서 정체성을 확립해 왔다. 그런데 어느 날 갑자기 일도 없고 찾는 사람도 없으면 정체성의 혼란을 가져온다. 자신의 정체성을 되찾기 위해서라도 새로운 일을 만들어야 한다.

일을 찾으려면 실직자임을 솔직히 인정하라

노후의 일자리가 꼭 돈벌이를 위한 것만은 아니다. 자기계발을 위해서도 노후의 일자리는 꼭 필요하다. 일을 통해서 삶의 의미를 부여하자. 일을 하고 싶어도 건강 문제로 할 수 없는 경우가 많다. 일을 할 수 있는 건강이라면 일을 통해서 삶의 보람을 찾아보자. 일을 통해서 삶의 가치를 찾고 제3, 제4의 인생을 살아갈 수 있다.

　노후에도 새로운 일자리를 갖고 싶지만 막상 이것을 실행에 옮기기는 어렵다. '내가 체면이 있지 그런 일을 어떻게 하나?' 남의 눈을 의식하면 새로운 일자리에 도전하기 어렵다. 지금의 나는 구직자일 뿐이다. 새로운 일자리에 도전하려면 먼저 자신이 실직자임을 솔직하게 인정해야 한다. 과감하게 자신을 내려놓을 용기가 없으면 새로운 직업에 도전하기 어렵다.

재취업과 전직 어느 쪽이 좋을까

50대에서 60대의 취직이라면 아직은 재취업을 노려볼 만하다. 직장 생활을 30여년 하신 분이라면 대부분 부장급 또는 임원급이기 때문에, 그

동안 쌓아온 경험과 인간관계를 통해서 기대 수준을 조금 낮추면 관계 회사나 중소기업에 몇 년간 재취업을 할 수 있다. 하지만 재취업은 짧으면 2년, 길어야 5년 근무할 수 있기 때문에 가능하다면 선택할 수 있는 하나의 선택지라고 보면 된다.

은퇴 후 30여년의 긴 세월인 노후 생활을 생각하면 스트레스가 적고, 책임도 적고, 정년도 없는 새로운 직업으로의 전직을 고려해 볼 만하다. 체력이 좋고 건강하다면 기술 계통의 일을 찾거나 혼자서도 할 수 있는 직업을 찾아보는 것도 좋다. 창업을 하는 방법도 있지만 본래의 직업과 관계된 창업이 좋다. 새로운 분야의 창업은 성공 확률이 적기 때문이다.

국민내일배움카드로 새로운 직업에 도전하라

정부의 HRD-Net는 고용노동부가 운영하는 직업훈련 지식 포털이다. HRD-Net에는 국가에서 지원하는 국민내일배움카드, 각종 훈련과정, 정부지원사업, 일자리·직업정보, 지식정보센터, 중장년 새출발 카운슬링 등 유용한 정보가 많기 때문에 노후일자리를 준비하기 위해서는 가장 먼저 활용해야 할 사이트이다.

정부의 지원금으로 새로운 자격증이나 직업훈련에 도전하려면 먼저 국민내일배움카드를 발급 받을 것을 추천한다. 국민내일배움카드란 구직자 스스로 직업능력개발훈련을 실시할 수 있도록 훈련비 등을 정부가 지원하는 카드이다. 국민내일배움카드 신청 자격은 청년, 대학생, 구직자 등 훈련을 희망하는 국민이라면 누구나 가능하다. 국민내일배움카드를 발급받으려면 HRD-Net에 접속 또는 거주지 지방노동관서에 가서 신청할 수 있다. 희망하는 훈련과정을 신청하면 최대 5년간 300만 원(최대 500만 원) 한도 내에서 훈련비의 45~85%를 국가가 지원한다. 새로운 직업을 준비하는데 필요한 자격증이나 직업훈련을 받을 수 있다.

정부의 워크넷을 통한 구직정보 활용

고용노동부와 한국고용정보원이 운영하는 일자리 정보 포털은 워크넷이다. 구인구직정보, 직업진로정보가 대표적인데 채용정보에는 직종별, 지역별로 채용 정보를 제공하고 있다. 자신이 희망하는 직종을 키워드로 검색하면 자신에 맞는 채용 정보를 검색할 수 있고 이곳에서 직접 워크넷 입사지원을 할 수도 있다.

민간 구직사이트를 통한 구직활동

민간에서 운영하는 직업의 구인 구직 사이트를 이용하는 방법도 있다. 석박사급의 고급인력이 이용하는 '하이브레인넷'과 대표적인 구인·구직 취업플랫폼인 '잡코리아', '사람인', '리쿠르트'를 비롯하여 그 밖에 각 직종별, 인력별로 운영하는 구인구직 사이트가 많이 있다. 지역적으로는 벼룩시장, 교차로 등 생활정보지에도 구인 구직 등 단기 일자리 정보가 많다.

고령자인재은행을 활용하라

고령자인재은행 사업은 무료 직업소개 사업을 수행하는 비영리법인 또는 공익단체를 지정하여 고령자(만 50세 이상)에 대한 구인, 구직등록, 직업지도 및 취업알선을 하는 사업이다. 전국의 여성발전센터, 여성인력개발센터, YWCA, 사회복지관 등이 이 업무를 담당하고 있다. 그 밖에 각 지자체의 일자리 지원센터를 들 수 있다. 대표적인 것이 서울시의 서울50+재단이다. 이곳에서는 서울50+인턴십, 중장년층을 위한 지원정책 및 상담, 교육, 일자리정보제공을 지원하고 있다.

'고용복지플러스센터'는 고용센터(고용노동부), 일자리센터(각 자치단체), 복지지원팀(보건복지부, 각 자치단체), 여성새로일하기센터(여성가족부), 서민금융센터(금융위원회), 제대군인지원센터(국가보훈처) 등 다양한 기관이 참여하여 고용, 복지, 서민금융 등을 원스톱으로 제공한다.

Question 02
노인일자리 사업에 참가하려면?

노인일자리 사업이란

노인이 활기차고 건강한 노후 생활을 영위할 수 있도록 공익활동, 일자리, 재능 나눔 등 다양한 사회활동을 지원하여 노인복지 향상에 기여하기 위해서 보건복지부가 추진하는 사업이다.

기초연금수급자만 신청할 수 있나

노인일자리 사업에 참가할 수 있는 자격은 만 65세 이상의 기초연금수급
자이다. 예외로 일부 사업은 60세 이상이고, 시장형 사업은 기초연금수
급자가 이외의 사람도 참여가 가능하다. 외국인, 생계급여 수급자, 국민
건강보험 직장가입자, 장기요양급여 등급판정자 등은 일자리사업 선발
에서 제외된다.

공공형 일자리사업

사업명	정의	사업예시	참가자격
공공형 일자리 사업	노인이 자기만족과 성취감 향상 및 지역사회 공익증진을 위해 자발적으로 참여하는 봉사활동	노노케어(취약노인 안부확인), 취약계층지원, 보육시설 봉사 등 공익 증진을 위한 프로그램	만 65세 이상의 기초연금수급자

사회서비스형 일자리사업

사업명	정의	사업예시	참가자격
사회 서비스형	노인의 경력과 활동역량을 활용하여 사회적 도움이 필요한 영역(지역사회 돌봄, 안전 관련 등)에 서비스를 제공	가정 및 세대 간 서비스, 취약계층 전문 서비스, 공공전문 서비스 (공공행정업무지원) 등	만 65세 이상 사업 참여 가능자 * 일부 유형 만 60세 이상 사업 참여 가능
사회 서비스형 선도모델	지역 사회가 보유한 자원과 기업 등의 외부 자원을 활용하여 신규 노인일자리 아이템 개발, 창출	돌봄, 안전, 환경 문제 등 지역사회가 당면한 현안을 해소하는 일자리 등	

시장형 일자리사업

사업명	정의	사업예시	참가자격
시장형 사업단	노인에게 적합한 업종 중 소규모 매장 및 전문 직종 사업단 등을 공동으로 운영하여 노인일자리 창출	식품제조 및 판매, 매장운영(실버카페), 운송(실버택배) 등	* 만 65세 이상(일부 유형 만 60세 이상) * 건강 상태가 일할 수 있는 정도인 사람 * 노인독신가구 및 경제무능력자와 동거하는 노인 가구 우선 선발
취업 알선형	일정 교육을 수료하거나 관련 업무능력 있는 자를 수요처로 연계하여 근무기간에 대한 일정 임금을 지급받을 수 있는 일자리	시험감독 보조, 경비원, 시설관리자, 가사도우미 등	
시니어 인턴십	노인에게 기업 인턴 연계 후 인건비 지원 계속 고용 시 기업에 인건비 추가 지원	한식조리, 매장관리원, 영화관 보조원, 자동차 검사대행원 등	
고령자친화 기업	노인의 경륜을 활용하여 경쟁력을 갖추고 양질의 노인일자리를 창출할 수 있는 기업의 설립 및 운영지원	공모심사에 따른 기업 모집	

사업수행기관

참여자 활동 지원 등 노인 일자리 및 사회활동 지원 사업을 직접적으로 수행하는 기관으로서 각 시군구(노인복지 담당과), 노인복지관, 시니어클럽, 대한노인회 취업지원센터, 종합사회복지관, 노인복지센터, 지역문화원, 지자체 전담기관(실버인력뱅크 등)이 있다.

참여방법

시·군·구 또는 수행기관(모집기관)에 관련서류를 제출 및 상담을 한다. 사업수행기관에서 관련 서류와 전산시스템(사회보장정보시스템, 새누리시스템)을 통한 국민기초생활수급 여부 등 자격을 확인한 후에 참여자 선발 기준에 따라 고득점자 순으로 선정(공익활동은 시·군·구 최종 선발)한다. 사업 참여자로 선발된 자는 사업별로 해당 협약서를 작성하거나 근로계약을 체결하고 관련 교육 실시 후 사업 수행한다.

Question

독거노인 지원은 어떤 것이 있나?

노인복지주택 입소

한국토지주택공사(LH공사) 및 서울주택도시공사(SH공사)에서는 행복주택, 원룸형 임대주택, 청년협동조합 공공주택, 희망하우징, 두레주택, 대학생 전세임대 등 1인 가구를 위한 주택을 공급·지원하고 있다. '1인 가구'란 1인이 독립적으로 취사, 취침 등의 생계를 유지하는 가구를 말한다.

정부는 무주택 서민층의 주거안정을 위해 국민주택기금으로 전세자금 및 보금자리 마련에 필요한 자금을 대출해 주고 있다. 독립적인 주거생활을 하는 데 지장이 없는 60세 이상의 사람은 노인복지주택에 입소할 수 있다.

노인맞춤돌봄서비스

노인맞춤돌봄서비스라는 제도가 있다. '노인맞춤돌봄서비스'란 일상생활 영위가 어려운 취약계층 노인에게 적절한 돌봄 서비스를 제공하여 안정적인 노후 생활 보장 및 노인의 기능, 건강 유지를 통한 기능 악화를 예방하는 서비스이다.

서비스 대상자는 ① 만 65세 이상, ② 국민기초생활수급자, ③ 차상위 계층 또는 ④ 기초연금수급자로서 유사 중복사업 자격에 해당되지 않는 사람(다만, 시장·군수·구청장이 서비스가 필요하다고 인정하는 경우 예외적으로 제공 가능)을 대상으로 한다.

독거노인, 조손가구, 고령부부 가구 노인 등 돌봄이 필요한 노인, 신체적 기능 저하, 정신적 어려움(인지저하, 우울감 등) 등으로 돌봄이 필요한 노인, 고독사 및 자살 위험이 높은 노인은 특화서비스를 이용할 수 있다.

서비스이 이용은 방문형과 통원형(집단 프로그램) 등의 직접 서비스 및 연계 서비스를 이용할 수 있다. 직접 서비스는 안전지원, 사회참여, 생활교육, 일상생활 지원이 있고, 연계 서비스는 대상자의 안정적인 생활을 지원하기 위하여 지역사회 내 민간자원 등의 후원 물품이나 서비스 지원이 있다. 독거노인 지원여부는 거주지 시군이나 읍면 행정지원센터로 문의하면 된다.

건강검진 등 지원

국민건강보험공단은 국민건강보험 가입자 및 피부양자의 질병을 조기에 발견하고 그에 따른 요양급여를 지급하기 위하여 건강검진의 기회를 무료로 지원(2년에 1회)하고 있다. 홀로 사는 노인의 생활실태 및 복지욕구를 파악하고 정기적인 안전 확인, 보건·복지서비스 연계 및 조정, 생활교육 등을 제공하여 독거노인에 대한 종합적인 사회안전망을 구축하기 위해 노인돌봄 기본 서비스를 제공하고 있다.

일자리 지원

고용노동부는 여성 일자리(여성새로일하기센터, 여성인재아카데미 등 운영), 청년 일자리(청년취업아카데미, 취업인턴제, 창직인턴제 등 운영), 노인 일자리 (고령자 고용정보센터, 노인일자리사업, 고령자 고용연장 지원 등 운영)를 지원하고 있다.

재정 지원

정부는 '기초생활보장제도'를 통해 생활이 어려운 사람에게 필요한 급여를 실시해 이들의 최저생활을 보장하고 자활을 돕고 있다.

고령이나 노인성 질병 등의 사유로 일상생활을 혼자서 수행하기 어려운 노인 등에게 신체활동 또는 가사활동 지원 등의 장기요양급여를 제공하고 있다.

Question 04
노후준비지원법은 어떤 법인가?

노후준비지원법의 제정

우리나라는 저출산 고령화가 빠르게 진행되어 2025년에는 고령화율이 20%를 넘어서서 초고령사회에 진입할 것으로 전망하고 있다. 65세 이상 은퇴 연령의 상대적 빈곤율도 43.2%로 OECD 회원국 중 최고수준으로 예상된다.

노후준비가 부족한 고령사회는 큰 고통이 될 수 있기 때문에 노후준비가 국가적인 과제로 대두되었다. 초고령사회에 대비하여 국민 개개인의 행복한 노후 생활을 지원하고 고령화에 따른 사회적비용을 절감하기 위하여 2015년에는 「노후준비지원법」을 제정하기에 이르렀다.

노후준비 추진조직은 보건복지부에 국가노후준비위원회를 두고, 국민연금공단에 중앙노후준비지원센터와 112개 지사에 지역노후준비지원센터를 지정 운영한다. 시도지사와 시장, 군수, 구청장은 지역노후준비지원센터 및 지역노후준비협의체를 지정 운영하도록 하고 있다.

노후준비 서비스의 4대 영역

「노후준비지원법」에서는 노년기에 발생할 수 있는 빈곤·질병·무위·고독 등에 대처할 수 있도록 전 국민을 대상으로 노후 생활의 진단, 상담, 교육, 관계기관 연계 및 사후관리 등을 실시하는 '노후준비서비스'를 마련하고 있다(동법 제2조).

노후준비서비스는 「노후준비지원법」에서 정한 빈곤·질병·무위·고독을 각각 4대 영역으로 나누어서 서비스를 제공하고 있다.

노후준비서비스 4대 영역(참고)

분야별	서비스 내용
재무(빈곤)	맞춤형 재무설계 및 연금, 보험 등 재무정보 제공
건강(질병)	건강관리, 질병 예방, 스트레스 해소법 등 건강실천 정보제공
여가(무위)	여행, 평생교육, 취미활동, 자원봉사 등 여가활동 제공
대인관계(고독)	건강한 소통 방법, 지역 사회 내 상담기관등 대인관계 정보제공

지방자치단체의 지원

각 자방자치단체별로 「장년층 생애 재설계 지원에 관한 조례」(전북), 「장년층 인생2모작 지원에 관한 조례」(경북), 「중장년 지원에 관한 조례」(해남군, 담양군)등 명칭은 다르지만 내용은 각 지자체별로 노후준비지원센터의 노후준비지원 사업에 대한 예산을 지원할 수 있다.

현재는 각 시군의 노인종합복지관 등에서 각종 상담과 교육업무를 지원하고 있다. 앞으로 각 시군단위까지 노후준비지원센터가 확대될 것으로 보인다.

Question 05
노후준비지원단의 지원 사업은?

노후 준비 정보의 제공

중앙노후준비지원센터의 홈페이지를 참고한다.

① 재무 분야 정보: 재무설계란, 돈과 삶, 재무설계 3원칙, 관련 사이트
② 건강 분야 정보: 노후건강 정보, 병원 정보, 장기요양 정보, 관련 사이트
③ 여가활동 정보: 여행 정보, 자원봉사 활동, 관련 사이트
④ 대인관계 정보: 노년기의 대인관계, 관련 사이트

노후준비서비스의 종류(5종 서비스)

준비되지 않은 고령사회는 큰 고통이 될 수 있다는 우려가 커지고 있지만, 현실적으로 무엇을 어떻게 준비해야 할지 막막한 것이 사실이다. 따라서 국민 개개인이 체계적이고 종합적인 노후 준비를 지원받아 이러한 어려움을 해결할 수 있도록 노후준비서비스를 추진하게 되었다.

진단	재무·건강·여가·대인관계 등 영역별 노후 준비 수준 진단
상담	생애주기별로 재무·건강·여가·대인관계에 대한 1:1 맞춤형 상담
교육	생애주기별로 재무·건강·여가·대인관계에 대한 다양한 교육프로그램 운영
연계	노후 준비 상담 후 심화 서비스를 받을 수 있도록 영역별 전문기관에 연계
사후관리	상담 시 계획한 실천 사항을 주기적으로 점검하고, 필요 시 추가 정보 제공

노후준비지원센터의 자가진단 서비스

중앙노후준비지원센터 홈페이지에 접속하면 개인별로 자신의 노후 준비에 대한 자가진단을 해 볼 수 있다. 자신의 노후 준비를 정기적으로 진단해보고 개선점을 찾아서 보완해 나가는 것이 좋다.

항목별	분야별	자가진단 항목
재무 (9개 항목)	재무여건 노후생활비	• 예상 은퇴연령, 노후 예상 생활비 수준 등 • 공적/퇴직/개인연금 수령(예상)금액 • 금융/부동산 자산 보유금액
건강 (12개 항목)	건강상태 생활습관	• 주관적 건강상태, 만성질병 관리수준, BMI • 스트레스 정도, 구강관리 수준, 수면시간 • 운동 실천수준, 흡연/음주횟수, 건강검진 참여도 등
여가활동 (7개 항목)	여가개선 여가준비	• 취미 여가활동 참여 빈도와 지속 기간, 만족도 • 타인 대비 현재 본인의 취미활동 평가 • 노후 취미 여가활동 준비경험, 인식 여부 등
대인관계 (9개 항목)	대인관계 상태 및 관계 개선	• 가족/친구/이웃/직장 동료 등과의 친밀도 • 참석하는 모임 수 • 전반적인 대인관계 평가 등

노후 준비 상담서비스

소요시간은 20분에서 30분이다. 상담의 프로세스는 ① 자가진단 → ② 실천과제 선택 → ③ 맞춤형 정보제공 → ④ 전문상담 연계의 순서이다.

상담서비스의 분야별 내용

항목별	상담분야	상담항목
재무	노후 월생활비 마련을 위해 꼭 알고 있어야 할 내용	① 노후생활비 ② 국민연금 늘리는 방법 ③ 퇴직(연)금/개인연금 확인, ④ 부동산 활용 연금 만들기

비재무	건강	건강수명을 늘리기 위해 꼭 준비해야 할 내용	① 만성질병 관리하기, ② 규칙적인 운동, ③ 올바른 식습관, ④ 금연/절주, ⑤ 정기적인 건강검진
	여가활동	활기찬 노후를 보내기 위해 꼭 준비해야 할 내용	① 노후 취미 여가활동 탐색, ② 현재 취미 여가활동 탐색, ③ 자원봉사, ④ 자기계발
	대인관계	원만한 대인관계 유지를 위해 꼭 준비해야 할 내용	① 가족과의 친밀도 높이기, ② 가족 외 타인과 친밀도 높이기, ③ 참석하는 모임 늘리기

전문기관 연계 서비스

노후 준비 상담을 하면서 설정한 목표를 달성하거나 과제를 실천하는데 도움이 되도록 관련 지자체 및 전문기관의 서비스를 연계(온라인 연계 또는 정보제공)하는 서비스이다. 전문기관 연계 서비스에 참여하는 전문기관은 20여개 기관이 있다.

Question 06

고독사 위험에서 벗어나려면?

고독사예방법은 왜 생겼나

최근 들어 우리나라도 고독사가 사회적인 문제로 부각되기 시작했다. 전체 가구 중 1인 가구의 비중이 2019년 30.2%로 2021년에는 33.4%로 급격하게 늘어났다. 1인 가구의 증가와 가족의 단절은 고독사의 위험을 높이는 요인이 된다.

고독사와 관련된 문제를 예방하고 체계적으로 관리하여 개인적·사회적 피해를 방지하기 위해 2020년 3월 31일 「고독사 예방 및 관리에 관한 법률」(일명 고독사 예방법)이 제정되었다.

고독사란 어떤 상태인가

고독사란 "가족, 친척, 이웃 등 주변 사람들과 단절된 채 홀로 생활하는 사람이 자살·병사 등으로 혼자 임종을 맞고, 일정한 시간이 흐른 뒤에 발견되는 죽음"을 말한다(동법 제2조).

고독사와 비슷하지만 구별되는 용어로서는 고립사(1인 가구와는 관계없이 사회적 관계망이 단절된 사람의 죽음), 독거사(1인 가구로 독거생활을 하지만 고립되지 않은 죽음), 무연고사(연고자가 없거나 연고자를 알 수 없는 죽음)가 있다.

고독사 위험자란 고독사 위험에 노출되거나 노출될 가능성이 있다고 판단되는 사람을 말한다(동법 제2조).

고독사 고위험군이란

고독사 고위험군에 속하는 사람은 ① 사회적인 고립 상태에 빠진 사람, ② 고립된 일상을 보내는 사람, ③ 실패, 상실감이 누적된 사람, ④ 거주지 미상 등 이동성이 높은 사람, ⑤ 이용하던 돌봄서비스와 치료를 중단한 사람 등을 들 수 있다(이상 서울시 고독사 위험 판단기준 체크리스트 참조).

고독사 위험자에게 필요한 조치

국민은 고독사 위험에 노출되거나 노출될 가능성이 있다고 판단되는 사람을 발견하면 적절한 조치를 받을 수 있도록 조치를 취해야 한다(동법 제3조).

고독사위험자에 대한 필요한 조치에는 다음의 사항이 포함되어야 한다(동법 제13조 제3항). ① 고독사 위험자에게 필요한 복지서비스의 발굴 및 제공, ② 고독사 위험자에 대한 심리 상담·치료, ③ 고독사 위험자의 조기 발견, 상담 및 치료를 위하여 필요한 조치

서울특별시의 고독사위험자 예방 및 지원 사업(조례 제7조 제1항)(참고)

1. 실태조사에 근거한 조기 발견 사업
2. 심리상담 및 심리치료
3. 정기적인 안부확인 및 긴급의료 지원
4. 가스·화재 감지기 및 응급호출버튼 설치 지원
5. 방문간호서비스
6. 사회적 관계형성을 위한 주민모임 운영
7. 반찬 및 건강음료 제공사업
8. IoT(사물인터넷)기술을 활용한 안부확인서비스
9. 정부지원사업 및 지역사회 민간복지 자원 발굴·연계 서비스
10. 무연고 사망자의 경우 장례서비스 지원
11. 청년층·중년층·노인 등의 사회적 고립 예방을 위한 주거, 일자리 등 맞춤형 지원 사업
12. 그 밖에 고독사 예방 및 사회적 고립가구 안전망 확충을 위해 시장이 필요하다고 인정하는 사업

고독사 예방을 위한 상담교육

「고독사예방법 시행령」에서는 다음의 기관에서는 그 이용자 등을 대상으로 고독사 예방에 관한 정기적인 상담교육을 실시하도록 하고 있다.

고독사 예방 상담 및 교육실시 권고대상(「고독사 예방법 시행령」 제8조)**(참고)**

1. 「노인복지법」에 따른 노인복지시설
2. 「사회복지사업법」에 따른 사회복지시설
3. 상시근로자가 30명 이상인 사업장
4. 「공공기관의 운영에 관한 법률」에 따른 공공기관
5. 「의료법」에 따른 병원급 의료기관
6. 「지방공기업법」에 따라 설립된 지방공사 및 지방공단
7. 「초·중등교육법」에 따른 학교 및 「고등교육법」에 따른 학교
8. 그 밖에 보건복지부장관, 시장·군수·구청장(자치구의 구청장을 말함)등이 고독사 예방을 위한 상담·교육이 필요하다고 인정하는 기관이나 단체

고독사 위험자에 지원요청

본인이나 가족, 주변에 고독사 위험자가 있으면 고독사예방을 위한 상담을 받거나 관할 시군구청에 문의하여 필요한 조치를 요구할 수 있다. 행정안전부의 자치법규시스템을 통하여 각지방자치단체의 조례를 검색해보면 2023년 6월 현재 전국의 330개 지방자치단체에서 '고독사 예방을 위한 조례'를 제정 시행 중에 있다.

고독사 위험에 빠지지 않으려면

2021년 한 해 동안 고독사 발생 건수는 전체 사망자의 1.1%에 달하는 3,378명으로 집계되었다. 고독사는 대부분이 1인 가구 중에서 발생하기 때문에 1인 가구가 되지 않는 것이 좋고, 특히 고령자인 경우는 가급적 동거가족과 함께 거주할 필요가 있다.

고령 부부가족이라도 언젠가는 1인 가구가 될 것이기 때문에 가족들과의 관계를 유지하는 것이 중요하다. 여러 가지 사정상 직접 동거를 하지 못하는 상황이 되더라도 앞에서 제시한 고독사 고위험군에 빠지지 않도록 환경을 만들어야 한다. 무엇보다 중요한 것은 삶을 포기하지 않는 자신의 의지가 가장 중요하다.

은퇴 준비와 희망노트

우리는 죽음을 미리 준비해야 하는 시대에 살고 있다.
인생을 후회 없이 당당하게 마무리하기 위해서는 건강할 때
노후 정리와 사후 준비를 해 놓아야 한다.

제2편

노후 정리하기

노후 정리
왜 **필요한가**

Question **01**

나의 죽음도 내가 준비해야 하나?

'홀로 살이(Single)'를 대비해야 하는 시대

1인 가구, 즉 나 홀로 가구가 곧 40%를 넘을 것이라는 전망이 나왔다. 홀로 살이가 된 기간이 길면 길수록 가족들은 나와 멀어질 수밖에 없다. 자신의 가정을 꾸려서 독립한 자녀들이 부모 세대와 다시 합칠 가능성은 거의 제로에 가깝다.

현재는 부부가 함께 사는 가구라고 하더라도, 머지않아 1인 가구로서 홀로 살이를 각오해야 한다. 옛날에는 대가족 시대여서 가족이 다함께 살았기 때문에 나의 모든 것을 가족에게 맡겼다. 사후 처리도 가족들이 알아서 해주고 내 물건도 정리해 주었으며, 내 방에 다른 가족이 들어가서 살았다. 요즘은 핵가족 시대이기 때문에 함께 산 기간보다 따로 산 기간이 훨씬 길다. 나의 역사를 모르고, 나의 생각도 모르고, 나의 물건도 모른다. 살다 간 흔적을 지우지 않고 너저분하게 남기고 가면 남은 가족에게 폐가 되는 시대가 된 것이다.

언젠가 찾아올 홀로 살이를 준비해야 한다. 그리고 언젠가 찾아올 죽음에 대비를 해야 한다. 주거 생활도 부부 또는 혼자 살기 편하도록 단순하게 정리해 두어야 한다. 거동이 불편해지면 요양시설이나 요양병원 입소도 각오해야 한다. 갑자기 찾아올 판단력 상실에 대비하여 뒤처리를 부탁할 사람을 후견인으로 지정하여 사후 처리도 부탁해 두어야 한다.

나의 죽음도 내가 준비를 하라

그 누구도 죽지 않는 사람은 없다. 죽음은 예고 없이 찾아온다. 사후를 처리해 줄 가족이 있어도 내 죽음은 스스로 준비해야 한다.

우리는 죽음을 미리 준비해야 하는 시대에 살고 있다. 인생을 후회 없이 당당하게 마무리하기 위해서는 건강할 때 노후 정리(生前整理)와 사후 준비(死後準備)를 해 놓아야 한다. 언젠가 찾아올 죽음에 대비하여 생을 어떻게 아름답게 마무리할 것인지 준비를 잘 해 두어야 한다. 나는 언제, 어디서, 어떠한 임종을 맞이할 것인지, 사후 처리는 어떻게 할 것인지, 남아 있는 가족들의 생활까지도 염두에 두고 평소에 대비해 두어야 한다.

노후에 버려야 할 것은 무엇이 있나?

고정관념과 고집불통은 버려라

수많은 경험과 어려움을 극복해 오면서 나도 모르게 고정관념이 생겼다. 나는 경험이 많고 내 생각이 옳은데 세상이 몰라줘서 짜증이 난다. 젊은 사람은 경험도 없으면서 즉흥적이고 제멋대로인 것 같다.

자신의 고정관념으로 세상을 바라보고 남의 이야기를 듣지 않는다. 남의 의견을 무시하고 내 생각이 옳고 남을 가르치고 설득하려고 한다. 고정관념과 고집불통은 하루빨리 버려라. 내가 없어도 세상은 잘 돌아간다.

어정쩡한 인간관계는 정리하라

현역 시절에는 인간관계가 곧 재산이기 때문에 되도록 많은 사람을 만나고 외연을 넓히려 한다. 스마트폰 속의 연락처가 몇 천개가 되는 것이 자랑거리가 된다.

그러나 은퇴 이후에는 꼭 만나고 싶지 않은 사람은 과감히 정리한다. 은퇴를 하고 나면 직업상 인연을 맺은 사람은 썰물처럼 빠져나간다. 스마트폰의 연락처는 더 이상 늘지 않는다. 은퇴 후에도 계속 연락할 사람은 얼마 되지 않는다. 입사 동기, 학교 동창, 같은 부서의 직장 동료 등 계속

관계를 지속할 사람이 아니면 어정쩡한 인간관계는 정리한다.

방법은 간단한다. 특별한 일이 없으면 먼저 연락하지 않는다. 오히려 너무 자주 연락하면 상대가 부담스러워한다. 자녀들의 혼사가 거의 끝나는 70대가 되면 경조사도 과감하게 줄인다. 너무 많은 사람과의 인연이나 행사, 체면치레로 에너지를 소비할 필요는 없다.

쓰지 않는 물건은 정리하라

나이가 들면 쓰지 않는 물건은 정리하고 버려야 한다. 수십 년의 결혼 생활과 직장 생활로 늘어난 집안 살림살이, 직업 관련 물건, 선물 받은 물건, 읽지도 않는 서적이나 취미 생활하며 수집한 물건 등 집안 곳곳에 쓰지 않는 물건들로 넘쳐나게 된다.

집안에는 앞으로 쓸 일이 거의 없는 물건들이 많다. 언젠가는 모두 내 곁을 떠나갈 물건들이다. 창고에 처박혀 쓰지 않는 덩치 큰 물건을 먼저 끄집어낸다. 취미 생활로 사들인 물건도 이어 받을 사람이 없으면 정리한다. 한 번도 읽지 않은 책들, 마시지도 않는 양주, 신발장의 신발들, 과거 10년 동안 한 번도 쓰지 않은 물건은 앞으로 10년 동안에도 쓸 일이 없다.

큰 집과 자동차도 정리하라

'돌싱'이라는 말이 있듯이 '언싱'이라는 말도 있다. 나도 언젠가는 싱글이 될 수 있다는 말이다. 홀로 살이에 너무 큰 집은 유지비도 많이 들고 관리도 어렵다. 나이 들어서 큰 집에 집착할 필요는 없다. 부부 또는 혼자 살기에 적당한 크기이면 만족한다.

언젠가 나이가 들면 운전도 그만 해야 한다. 고급 자동차는 기초연금이나 건강보험료 산정 시 불리하다. 친절한 전속의 개인 택시를 만들어서 외출할 때마다 전속 택시를 이용한다. 아무리 타고 다녀도 차량유지비 보다는 적게 든다.

TV와 스마트폰 보기를 줄여라

1년 365일 중 하루 3시간씩 허비해도 1년이면 1만 시간이다. TV나 유튜브에 나오는 정도의 지식은 남들도 다 아는 것이어서 쓸모도 없다. 유튜브에 공개된 사실을 가지고 잘 아는 것처럼 이야기 해봤자 들어주는 사람도 별로 없다. 자기의 주장만 내세우면 젊은 사람들에게 늙은이 취급을 받는다. 아무 생각 없이 TV를 보는 시간에 파트 타임이나 봉사활동을 하는 편이 좋다.

미니멀 라이프를 실천하라

심플라이프 또는 미니멀 라이프(Minimal Life)라는 말이 유행이다. 미니멀 라이프라고 하면 마구 버리라는 것이 아니다. 미니멀 라이프는 불필요한 물건이나 일 등을 줄이고 꼭 필요한 적은 물건으로 살아가는 단순한 생활 방식을 말하며, 절제를 통해 일상을 단순화하고 소중하고 본질적인 것에 집중하자는 취지이다.

미니멀 라이프는 물건뿐만이 아니다. 꼭 필요하지 않은 큰 집, 만남,

사람, 행사, 체면치레, 자동차, 옷, 안 좋은 습관 등, 인생에서 정말 중요한 것에 집중하기 위해서는 미니멀 라이프를 실천하는 것이 중요하다.

소박한 꿈으로 다운사이징 하라

젊은 시절의 꿈은 원대했다. 그 꿈이 있었기에 지금의 내가 있다. 그러나 나이가 들면 이룰 수 없는 꿈은 빨리 포기해야 한다. 주식을 열심히 해서 부자가 되겠다든가, 부동산 투자를 해서 큰 돈을 벌겠다는 꿈은 버려야 한다. 인생의 목표도 소박한 꿈으로 바뀌어야 한다.

이룰 수 없는 꿈은 추억으로 돌리고 소박한 소망을 이루는 것이 행복을 찾는 길이다. 모든 것을 내려놓으면 편안해 진다. 원대한 꿈을 소박한 꿈으로 다운사이징을 한다.

Question **03**
노후 정리 왜 필요한가?

인생은 스스로 디자인 하라

자신이 죽은 후에 일은 스스로 할 수 없고 남겨진 누군가에게 맡겨야 한다. 만일 노후 정리를 해 놓지 않고 떠나 버리면 내 삶의 흔적은 티끌하나 없이 사라져 버릴지 모른다. 남겨야 할 흔적은 남기고, 지워야 할 흔적은 지우고 떠난다.

　노후 정리를 함으로써 먼저 자신의 희망을 정리할 수 있고 그것을 후세에 알릴 수 있으며, 그들을 통해서 나의 뜻을 이룰 수 있다. '나는 이렇게 살았다', '나는 이렇게 죽음을 맞이하고 싶다', '나의 죽음에 누가 와서 이렇게 처리해 주면 좋겠다', '남은 가족은 어떻게 살아가면 좋겠다' 등 노후 정리는 자신의 생각을 남은 사람들에게 전하는 계기가 될 수 있다.

마지막 인생을 생각하며 살아가라

노후 정리를 함으로써 남은 인생을 긍정적으로 살아갈 수 있다. 죽기 전에 죽음 이후를 생각하라는 것이다. 인생의 마지막을 어떻게 맞이하고 싶다는 희망을 정리함으로써 거기에 도달하기 위한 남은 삶이 긍정적인 삶으로 변화할 수 있다.

　애플의 창업자 스티브 잡스는 "만약 오늘이 내 인생의 마지막 날이라면 오늘 할 일을 정말 하고 싶을까?"라는 유명한 말을 남겼다. 『성공하는 사람들의 7가지 습관』을 쓴 스티븐 코비도 인생의 마지막 모습을 그리면서 오늘 하루를 시작하라고 하였다. 노후 정리를 하고 자신의 마지막을 생각하는 것은 남은 인생을 더 좋게 만드는 계기가 된다.

후회 없는 삶을 살기 위해서

　노후 정리를 해두면 여러 가지 후회가 적어진다. 노후 정리에는 의료, 간병, 장례, 상속에 관한 것뿐만 아니라 일상생활 신변에 관한 일, 자신의 교우 관계, 하고 싶은 일이나 해두지 않으면 안 되는 일(버킷리스트)등을 다방면으로 다시 생각하는 계기가 된다. 그것들을 위해서 하나하나 실천해 나감으로써 후회가 없는 삶이 될 수 있다.

노후 정리 어떤 방법으로 하나?

노후 정리란

노후 정리는 생전에 자신의 재산과 소유물 등을 정리하여 불필요한 물건이나, 유족이 처분하기에 곤란한 것들을 미리 처분해 두는 것이다.

사람의 수명은 예상할 수 없다. 노인뿐만 아니라 40대, 50대 현역 세대의 분들도 노후 정리를 통해서 보다 쾌적한 공간을 활용할 수 있고, 남겨진 가족 등의 부담도 현저히 줄일 수 있다. 죽음 후 대량으로 물건이 남아 있으면 가족은 그 처분에 대한 걱정이 된다. 또한 많은 물건에 둘러싸인 생활은 '앞으로의 생'을 살아가는 데 지장을 준다.

또한, 노인이 되어 자녀와 동거하거나 고령자 주택이나 요양 시설 등에 입주할 때, 현재의 집에 있는 모든 것을 가져갈 수는 없다. 집안이 쓰레기 주택처럼 되어 버리고, 자신과 가족이 생활하기 어려운 경우나, 간호하는 사람에게 불편함을 줄 수도 있다. 이처럼 사후에 대비하는 것이 아니라 생전에 불필요한 짐을 정리하는 것을 '노후 정리'라고 한다.

노후 정리(老後整理)를 하는 이유

대부분의 유품 정리가 고인이 사망한 후 유족들에 의하여 이루어져 왔다면, 최근에는 고령자가 스스로 돌아가시기 전에 사용하던 물건을 정리하고 싶어 하는 경우가 늘고 있다. 유품 정리 업계에서도 '노후 정리'가 증가하는 경향을 보이고 있다.

"나의 죽음으로 남에게 폐를 끼치고 싶지 않다", "내 물건을 스스로 정리하고 싶다", "요양시설에 입소하면서 쓸 일이 없어진 물건들을 일시에 정리하고 싶다" 등 노후 정리를 의뢰하는 사람마다 사정은 다양하지만, 인생 종말의 준비, 고령자 시설에 입주하는 상황, 자식이 원하지 않는 짐을 떠맡기기 싫다는 등 여러 가지 이유로 자신의 손으로 스스로 노후 정리를 하는 사람이 많아 졌다.

노후 정리의 정리 방향

정리가 가능한 물건부터 해 가면 좋다. 노후 정리의 관점에서 계속 보관할 것(보석, 귀금속, 골동품), 추억이 깃든 물건(사진, 비디오, 일기장 등), 생활용품(의류, 가방, 식기류) 등을 처리하는 방법을 제시한다. 최근에는 생활용품을 정리하는 미니멀 라이프에 대한 정보도 많이 있으므로 이를 참고로 하면서 조금씩 정리해 가는 방법도 있다.

① 현재 사용하고 앞으로도 사용할 것 → 원칙적으로 사후 처리

② 수중에 두고 싶은 것 → 원칙적으로 사후 처리(목록 작성)

③ 신속하게 결정할 수 없는 것 → 원칙적으로 사후 처리

④ 나는 필요 없지만 누군가에게 필요한 것 → 매각 또는 증여

⑤ 과거 10년간 한 번도 쓸 일이 없었던 것 → 즉시 처분 또는 폐기

부모님의 집 정리

갑자기 다가온 고령화사회에서는 노인빈곤, 독거노인, 고독사, 무연고사, 농어촌의 빈집 문제가 사회적 문제로 대두되고 있다. 시골의 부모님 집에는 몇 십년간 방치되어 있는 물건들이 있어도 본인들 스스로는 처리하지 못한다. 물건으로 넘쳐나는 '부모의 집' 문제는 자녀의 걱정거리로 대두하고 있다.

산업화 시대를 살았던 부모님들은 절약이 미덕이고, 물건 버리는 것을 죄악시 한다. 물건을 사들이기만 하고 버리지는 못한다. 언젠가 쓸 일이 있을 것이라 믿고 쌓아두기만 한다. 건강이 나빠지고 보행이 어렵게 되면 물건에 걸려 넘어지기 일쑤이다. 물건 더미 속에서 필요한 물건을 찾지도 못하고 걸려서 넘어질 위험도 있다.

일본에서는 부모님의 집 정리에 관한 서적이 많이 팔리고 있다. 겨울에 눈이 많이 오는 지역의 친정집에 단지 지붕의 눈을 치워주기 위해서 방문하는 딸의 이야기도 있다.

스스로 짐을 정리하지 못하는 노인 문제를 해결하기 위해서는 자녀들

이 나서서 노후 정리를 해 드리는 것이 좋다. 특히 요양원 입소 등으로 주택이 장기간 방치될 수밖에 없는 경우에는 노후 정리가 필요하다. 다만, 일생을 살아가면서 어떤 추억이 깃들어 있는 물건인지 모르기 때문에 부모님의 설득과 허락을 받아가면서 정리를 해야 한다.

노후 정리 전문 업체의 활용

노인이 되면 노후 정리를 혼자 하기는 힘이 든다. 스스로 노후 정리를 하려고 해도 오랫동안 정이 들고 추억이 깃든 물건과의 인연을 생각하면 쉽게 폐기하기 어렵다. 폐기하고 싶지 않은 물건은 임시로 차고나 창고 등에 보관해 두는 것도 좋다. 갑자기 생각이 나면 언제든지 되찾을 수 있다는 안정감이 생기기 때문이다. 고령의 부모님 노후 정리는 가능하면 가족과 함께 하는 것이 좋고, 가족이 어려운 경우는 노후 정리 전문 업체에 부탁하는 방법도 있다.

　전국의 유품 정리 업계에서 대부분 노후 정리도 함께 하고 있으므로 전문가의 도움을 받아서 깔끔하게 마칠 수도 있다.

노후 정리 무엇부터 시작하나?

노후 정리의 시작과 끝은

노후 정리를 하는 목적은 내 주변을 정리하여 사후에 가족에게 물려줄 재산과 내 생애에 처리할 물건을 정리하여 단순화 하는 것이다.

노후 정리를 하면 사후에도 가족들에게 남은 물건의 처리에 따른 수고와 폐를 끼치지 않고 상속이나 유품 정리를 쉽게 할 수 있다. 무엇보다 여생을 쾌적한 환경에서 보낼 수 있다는 장점이 있다.

노후 정리의 대상은 재산과 정보이다. 재산에는 부동산과 동산이 있고, 가족 간에 공유해야 할 정보가 있다. 재산이 아니지만 가족 간에 공유해야 할 무형의 재산도 있다. 무형의 재산에는 가족의 역사나 가훈, 재산적 가치보다는 가족 간 추억이 깃든 소중한 물품을 들 수 있다.

노후 정리의 첫걸음은 재산목록을 만드는 것에서 시작하고, 노후 정리의 마지막은 희망노트(Life Note)와 희망보자기(유품리스트)를 작성해두는 것으로 끝난다.

노후 정리의 첫걸음은 재산목록 만들기

노후 정리의 첫 걸음은 이의 대상이 되는 유형, 무형의 재산이 어디에 얼마가 있는지를 명확하게 하는 것이다. 요컨대 자신의 자산과 부채를 한눈에 볼 수 있는 재산목록을 만드는 것이다.

내 물건은 모두 소중하고, 아깝고, 추억이 깃들어 있어서 하나도 버릴 것이 없다. 아무리 아까운 물건이라도 사후에는 내 의지와 상관없이 어디론가 흩어질 것이다. 인연에 따라서 가족에게 가거나 제3자에게도 가고, 대부분은 쓰레기로 폐기된다. 애지중지 아끼던 물건이 쓰레기더미 속에서 비를 맞고 있는 것을 상상해 보라. 언젠가 나를 떠날 물건이라면 스스로 갈 곳을 정해주는 편이 좋다. 정해놓지 않으면 남겨진 가족에게 폐가된다. 가족들이 남겨진 물건들을 찾고 처리하는 데 부담이 된다.

재산목록을 만들고 나면 ① 시급히 정리할 것, ② 천천히 정리할 것, ③ 두고 쓰다가 나중에 버릴 것, ④ 가족에게 물려줄 것, ⑤ 폐기처분할 것으로 자동분류가 된다. 재산목록의 용도에 따라서 처리 방향을 정하고 하나씩 정리해 나가는 것이 노후 정리의 시작이다.

재산목록에 포함될 재산

재산목록을 만들 때에는 토지, 주택 등의 부동산은 물론이고, 현금, 예금, 유가증권, 보험 등의 금융자산, 그 밖에 귀금속, 서화, 골동품 등의 수집품, 자동차나 대형가전 등의 내구 소비재, 차입금이나 신용카드, 미납세금 등 부채도 모두 포함해야 한다.

마찬가지로 부동산이나 자동차, 골프 회원권, 리조트 회원권 등의 권리증서, 현금, 귀금속, 서화 등의 동산은 단순히 어디에 두었다는 존재의 정보만으로는 부족하다. 금고가 있다면 금고 열쇠의 보관 장소와 비밀번호까지 함께 전하거나 혹은 직접 전달하는 것이 중요하다.

재산의 종류	필요한 정보
현금	• 보관 장소, 금고 열쇠, 비밀번호 등
예금과 대출	• 거래 금융기관명, 지점명, 종류, 계좌번호, 비밀번호 • 통장, 도장, 증서의 보관 장소, 비밀번호, 거래카드 • 인터넷은행의 은행명, 로그인 아이디, 패스워드 등
유가증권	• 증권회사명, 지점명, 연락처 • 거래잔액보고서, 현물의 경우는 보관 장소 • 인터넷증권의 로그인 아이디, 패스워드 등
신용카드	• 카드회사명, 카드번호, 유효기간, 비밀번호, 결제계좌, 거래명세서 등
보험	• 보험회사명, 지점명, 연락처, 피보험자, 보험금수령인 • 보험증권의 보관 장소(연금보험, 손해보험, 화재보험, 건강보험 등) 등
연금	• 연금 종류, 연금번호, 연금통장, 연금증서의 보관 장소 • 연금계좌가 있는 금융기관명 계좌번호 지점명 등
부동산	• 소재지, 종류, 면적, 평가액 • 권리증, 대장, 지적도, 등기부등본 등 • 임대물건의 경우에는 임대차계약서의 보관 장소 • 고정자산의 평가명세서, 구입 시의 매매계약서의 보관 장소 등
동산	• 보석, 귀금속, 서화, 골동품, 자동차, 오토바이, 내구소비재 등 ※ 일람표로 소재를 명확하게 한다.
자동차, 회원권	• 차량번호, 회원권의 종류, 증서의 보관 장소
차입금	• 차용증서 또는 계약서의 보관 장소 등
기타	• 희망노트(Life Note), 희망보자기(유품리스트), 유언서 등

가족과 공유해야 할 무형의 정보

가족에게 가능한 많은 재산을 남겨두고 싶어도 가족이 재산의 내용을 모르고 있으면 이를 파악하느라고 쓸데없는 절차나 수고를 하게 된다. 재산을 남기는 것도 중요하지만, 가족이 그것을 사용할 수 있도록 어디에 얼마나 어떻게 보관되어 있는지를 전해주는 것이 중요하다. 만일 갑자기 나에게 일이 생긴다면 남아 있는 가족들이 우왕좌왕 하지 않도록 미리 자신의 자산과 부채 내역을 가족들과 공유할 필요가 있다.

가족과 공유하는 방법은 이 책의 부록인 희망노트(Life Note)에 적어두거나, 희망보자기(유품리스트)을 작성해 두거나, 법정의 유언장을 남기는 것이다. 자신의 정신이 온전할 때 미리 작성해두고 시간이 흐르면 수정해 나간다. 가장 마지막으로 만든 것이 유효하다. 적당한 방법으로 희망노트 등의 존재를 미리 알려주는 것이 좋다.

Question 06
재산목록은 어떻게 작성하나?

금융정보 목록

예전에는 각 금융기관을 방문해서 본인확인을 하는 번거로움이 있었지만 지금은 각 포털사이트에서 연금, 예금, 대출, 증권, 보험, 신용카드, 대출금, 미납세금 등의 모든 금융자산 내역을 한꺼번에 조회할 수 있다.

금융감독원의 내 연금조회 사이트, 금융결제원의 계좌정보통합관리 사이트, 생명보험협회의 숨은 보험금 찾기 서비스, 국세청의 홈택스, 지방세의 위택스 홈페이지를 통해서 거의 모든 금융정보를 한꺼번에 파악할 수 있다.

금융자산정보를 파악해서 리스트업을 해두면 현재의 금융자산 가액을 파악하는 것도 중요하지만 쓸데없는 금융계좌를 통합하여 단순화하는 효과도 있다.

종류	내역
연금	• 금융감독원의 '내 연금조회' 사이트에서 나의 연금을 조회한다.
금융기관(은행, 증권, 제2금융권)	• 금융결제원의 '계좌정보통합관리서비스'를 이용하여 은행권, 제2금융권, 투자증권사의 모든 계좌정보를 통합 조회할 수 있다.
보험	• 생명보험협회와 손해보험협회가 공동운영하는 '숨은 보험금 조회하기' 사이트에서 모든 보험 회사의 보험계약 내용을 통합 조회할 수 있다.
대출금	• 금융결제원의 '계좌정보통합관리서비스'를 이용하여 모든 금융기관의 대출금정보를 통합조회할 수 있다.
신용카드	• 금융결제원의 '계좌정보통합관리서비스'를 이용하여 모든 카드회사의 카드발급정보를 통합조회할 수 있다.
미납세금	• 국세의 경우는 '홈택스' 홈페이지, 지방세의 경우는 '위택스' 홈페이지에서 미납세액 또는 체납세액 조회가 가능하다.
기타	※ 위와 금융거래내역조회는 인터넷에서 일괄조회가 가능하다. 불필요한 계좌는 관리가 편하도록 통폐합해둔다.

토지 정보 목록

내 명의가 아닌 조상 땅의 경우에는 '조상 땅 찾기 서비스'를 검색하면 된다. '정부24'에 접속하여 조상 땅 찾기 서비스를 이용하면 쉽게 검색할 수 있다. 2008년 이후에 사망한 토지소유자의 재산은 사망자 주민등록번호와 가족관계증명서, 기본증명서로 상속관계의 확인이 가능한 경우에 신청이 가능하다. 집안 대대로 내려오는 상속 재산 중 평소에 관리하지 않는 부동산이 있을 수도 있고, 혹시 나도 모르는 부동산이 있을 수도 있다.

내 명의로 된 토지정보는 국토교통부의 '내 토지 찾기 서비스'를 이용하면 전국에 내 명의로 된 토지정보를 한눈에 파악할 수가 있다. 국토교통부 '스마트국토정보 K-Geo 플랫폼' 홈페이지에 접속해서 공인인증서로 실명확인을 하면 홈페이지에 접속이 된다. 홈페이지 상단 메뉴의 토지찾기 〉 내 토지 찾기를 검색해서 내 토지 찾기 서비스 페이지로 이동한다. 내 토지 찾기 서비스 메뉴에서 본인인증을 마치면 내 토지 찾기 결과 화면으로 이동한다.

내 토지 찾기 결과 화면에는 나의 토지 내역이 순번, 토지소재지, 공시지가, 지번, 지목, 면적, 변동일자, 변동원인, 소유자, 소유자 주소, 개별지가, 용도지역, 소유구분으로 상세하게 나타난다. 오른쪽 상단의 프린터 마크를 클릭하여 원하는 형태의 파일로 다운 받아서 활용한다. 다운 받은 내 토지 명세서를 바탕으로 개별지가에 토지면적을 곱하면 내 토지의 공시지가를 산출할 수 있다.

요즘은 내 토지의 시가를 확인하기 위해서 매매가를 인터넷 포털사이트에 등재하는데, 주로 이용되는 사이트로는 '부동산서브', '부동산114', '네이버부동산'을 통해서도 확인할 수 있다. 공시지가를 기준으로 간단하게 시가를 추정할 수도 있다. 지역마다 차이는 있지만, 보통 공시지가는 토지의 가치가 실현된 곳은 시세의 40~50% 수준으로, 토지의 가치가 실현이 되기 전은 시세의 30~40% 수준으로 보면 된다.

건물 정보 목록

건물의 경우에는 국토교통부 '스마트국토정보 K-Geo플랫폼' 홈페이지 접속하여 건물 정보 바로가기 메뉴에서 검색할 수도 있고, 국토교통부 '실거래가 공개시스템'에 접속하여 주변 건물의 거래시세를 확인하면 아파트, 연립, 다세대, 단독/다가구, 오피스텔, 분양/입주권, 상업/업무용, 공장/창고, 토지 등의 실거래 가격에 기반한 거래시세를 확인할 수 있다. 여기서는 구체적인 평가액이 중요하지 않기 때문에 공적정보에 있는 대체적인 목록과 정보만을 파악하면 된다.

자동차와 회원권 목록

자동차 시세를 조회할 수 있는 사이트는 AJ셀카, 엔카, 핀크, 토스, 네이버, 신한카드 등 다양하게 존재하고 있다. 본인 소유 차량이라면 차량번호로 조회할 수 있고, 소유 차량이 없는 경우에는 원하는 차량모델로 시세 조회가 가능하다. 차량번호만 알고 연도나 형식을 모르는 경우에는 '자동차365' 홈페이지에 회원으로 접속하여 차량이력을 조회할 수도 있다.

부동산은 아니지만 부동산처럼 등기나 등록제도가 있는 동산은 의제부동산이라고 한다. 자동차나 회원권 같은 의제부동산은 가족들이 그 세부 정보를 모를 가능성이 있으므로 평소에 기록으로 남기는 것이 중요하다.

종 류	소재지 등
자동차	차종 및 차량번호( ), 소유주( ), 보험증권( )
회원권	콘도( ), 골프( ), 별장( )

동산(動産) 정보 목록

동산의 경우에는 본인도 모르는 경우가 있다. 평소에 리스트를 만들어 두면 편리하다. 재산적 가치를 가지고 있어서 매각할 것은 미리 현금화 해 두는 것도 좋다. 상속재산의 경우에는 누구에게 물려줄 것인지도 적어두면 후일 가족들의 상속절차가 간편해진다. 동산은 부동산처럼 등기부가 없어서 소유자를 알 수 없기 때문에 재산목록에서 빠뜨리기 쉽다.

동산의 종류	내 역
귀금속류	* 별도목록 작성(품명, 수량, 가격, 보관 장소 등)
골동품류	* 별도목록 작성(품명, 수량, 가격, 보관 장소 등)
서적류	* 별도목록작성(분야별, 제목, 간략내용, 중요도 등)
스포츠레저용품	* 별도목록 작성(품명, 수량, 가격, 보관 장소 등)
기타용품	* 별도목록 작성(품명, 수량, 가격, 보관 장소 등)

재산목록은 매년 업데이트 하라

노후 정리를 하기 전에 먼저 자신이 어떤 자산을 가지고 있는지, 경제적인 가치는 어느 정도인지를 파악하는 것이 매우 중요하다. 모든 자산을 빠짐없이 리스트업해서 재산목록을 작성하는 것이 좋다.

조상으로부터 물려받은 재산이어서 팔 수 없거나, 경제적 가치가 거의 없는 재산도 빠트리지 않도록 한다. 잔액이 없거나 조금 밖에 없어서 사용하지 않는 휴면예금계좌, 사용하지 않는 신용카드 등도 빠트리지 말고 모든 자산을 리스트업 해보는 것이 중요하다.

매년 변동하는 재산상황을 염두에 두고, 가능하면 연1회 정도는 업데이트 한다. 업데이트 과정에서 재산관리의 방향이 눈에 보인다.

희망노트(Life Note), 희망보자기(유품리스트) 작성의 기초로 활용

위에서 파악한 재산목록은 후일 노후 정리 과정에서 작성하는 희망노트와 희망보자기 작성의 기초가 된다. 생애를 정리하는데 있어서 희망노트와 희망보자기는 정신건강이 왕성할 때 작성하는 것이 좋지만, 불가피하면 후일 건강이 악화되거나 연령이 80대 이후가 되면 그때 작성해도 된다.

다만, 은퇴 이후 노후 생활 초반에 시급하게 만들어 둘 필요는 없지만, 은퇴 초반에 재산목록을 만들어 봄으로써 자신의 노후 생활을 준비하는 데 큰 도움이 된다. 희망노트와 희망보자기를 만드는 방법은 다른 절에서 소개하고 양식은 권중부록으로 제시한다.

Question 07

팔아야 할 것과 팔지 말아야 할 것은?

환금성 자산

환금성이 있는 동산이나 부동산은 생전에 매각해 현금으로 해두면 자신이 죽은 후 상속 절차가 원활하게 진행된다. 부동산은 타이밍을 잘 포착해서 현금화 해두면 노후 준비에 도움이 된다. 동산을 처분한다면 우선 사용하지 않게 된 가재도구(의류, 책이나 CD·DVD, 명품, 자동차, 가구, 가전 등)를 먼저 파는 것이 좋다.

부동산의 정리

문제는 부동산이다. 생전에 팔아야 할지 상속재산으로 남겨야 할지 고민이다. 자녀나 손자녀가 함께 살고 있는 주택은 정리 대상이 아니고 사전 논의 없이 매각해서도 안 된다.

자택에 노부부만 살고 있고 자녀 등이 향후에도 살 가능성이 없는 경우에는 생전에 노후 생활에 편리한 주택으로 교체하는 것도 고려할 만하다. 가까운 장래에 고령자 임대주택이나 요양원 등으로의 이주를 검토하고 있다면 적절한 타이밍에 매각을 하는 것도 좋다.

투자용 부동산의 정리

세계적인 인플레이션에 따라서 시중 금리가 인상되고 부동산 가격이 하락하고 있다. 금리 상승이 계속된다면 향후에도 부동산 가격이 하락할 가능성이 있다. 자택 이외의 투자용 부동산(임대주택, 상가 등)을 갖고 있는 사람은 장기 보유할 것인가 조기에 매각할 것인가를 신중하게 판단할 필요가 있다.

팔아야 할 것과 팔아서는 안 되는 것

부동산	팔아야 할 것	• 앞으로 자신과 배우자, 자녀도 거주할 예정이 없는 주택 • 장래에 자녀가 상속받아도 쓸 예정이 없는 농지, 임야 • 가격 하락이 우려되는 투자용 부동산
	팔아서는 안 되는 것	• 자녀나 손자녀가 동거하고 있으며, 장래에도 계속 살 예정인 주택
동산	빨리 팔아야 할 것	• 필요 없게 된 가재도구 (도서류, CD·DVD, 가전제품, 명품, 자동차 등)
	빨리 팔아서는 안 되는 것	• 귀금속 (금, 보석) • 유명한 예술가의 서화·골동품

금융자산과
부동산 정리

금융자산은 누가 관리해야 하나?

금융자산은 한 사람에게 맡겨라

현역 시절에는 수입과 지출을 부부가 각자 관리하는 경우가 많았다. 특히 맞벌이 부부의 경우에는 대출금도 각자 관리하고, 세금도 각자 내고, 비과세 상품도 각자 들어야 하기 때문에 부부라도 금융거래를 따로 관리하는 경우가 많았다.

그러나 은퇴 후 연금 생활을 하게 되면 모든 경제 활동을 가구 단위로 하게 된다. 국민건강보험의 지역가입자 소득인정기준, 기초연금수급자격, 주택연금 가입자격 등 각종 노인지원사업이 가구 소득을 기준으로 산정하게 된다. 은퇴 후에는 각자의 차량, 보험료, 세금 등을 가구단위로 하는 것이 편리하다. 경제 활동에서 은퇴한 이후에는 부부 중 한 사람으로 자산관리를 일원화할 필요가 있다.

나의 노후 정리를 위해서도 가족 특히 배우자의 협조는 절대적으로 필요하다. 가족의 협조를 얻어서 가족과 재산 정보를 공유하고 가구 단위로 재산을 관리하는 것이 여러 가지로 편리하고 만일의 사태에도 대비할 수 있다.

Question 02

통장은 하나로 통합해야 하나?

복수의 금융자산은 1~2개로 통합하라

직장 생활을 오랫동안 하다보면 근무지마다 다른 통장을 만들어서 예금통장이 여러 개 있는 경우가 많다. 직장의 지위에 따라서는 개인과 관계 없는 통장을 만드는 경우도 있다. 퇴직을 하고 보면 사용하지 않는 통장들도 여기저기 눈에 띄게 된다.

재산목록 작성 시 파악된 모든 금융기관의 계좌 중에서 잔액이 없는 계좌, 소액인 계좌, 과거에는 사용했지만 앞으로는 사용할 계획이 없는 계좌는 모두 해지한다. 금융기관에서도 이러한 계좌는 휴면계좌로서 전산비용만 들어가기 때문에 해지하는 것을 권장한다.

아직은 잔액이 있고 사용 중인 계좌라도 비과세혜택이 있거나, 예금 만기가 남아 있는 정기예금 등을 제외하고는 연금과 공과금 결제를 위한 통장 1~2개만 남기고 모두 해약한다. 증권이나 투자신탁 계좌는 우량증권 중심으로 모두 통합한다.

무조건 부채 제로(Zero)에서 출발하라

갚아야 할 대출금이 있으면 무조건 갚는다. 마이너스통장은 무조건 해지하고, 신용카드사의 현금서비스도 모두 갚는다. 현역 시절에는 부채를 감당할 능력이 있기 때문에 어느 정도의 부채가 있어도 문제가 없으나 은퇴 후에는 부채 제로에서 출발해야 한다.

은퇴 후에도 부채와 이자를 갚아야 한다면 노후 생활에 심각한 타격이 온다.

신용카드는 1~2개만 남기고 해지하라

1년에 한두 번 사용하고 연회비만 나가는 신용카드는 모두 탈회한다. 현금인출기능, 교통우대카드, 통행료결제카드, 해외사용카드 등 꼭 필요한 기능별로 1~2개씩 남기고 나머지는 모두 해지한다. 견물생심이 아니라 견카생심이다. 마이너스 통장이나 신용카드를 1~2개로 단순화 하는 것이 불필요한 낭비나 소비를 줄이는 길이다.

금융정보는 투명하게 공유하라

은퇴 직후 활발하게 경제 활동을 유지하는 동안에는 급하게 금융정보를 공유할 필요는 없다. 그러나 경제 활동이 중단되고 가구 단위가 소비 주체가 되면 금융정보를 부부간에 공유하는 것이 중요하다.

건강 유지가 어려운 나이가 되거나 장기 입원 등으로 직접 금융거래를 하기 힘든 경우가 되면 자기명의 예금거래도 배우자 등에게 맡길 수밖에 없다. 만일의 사태에 대비해서 중요한 금융자산은 가족에게 투명하게 공유하는 것이 좋다. 후일 희망노트 작성 시에도 금융정보 내역과 보관 장소를 함께 적어둔다.

Question **03**
보험계약은 해지해야 하나?

보험계약의 내역을 파악하라

생명보험협회와 손해보험협회가 공동운영하는 '숨은 보험금 조회하기' 사이트에 접속하면 모든 보험 회사의 보험계약을 조회할 수 있다. 내 명의로 가입한 모든 보험 회사의 보험계약 내용과 보장 내용을 확인하여 전체 보험계약의 리스트를 만든다.

중복 보장은 통합하라

여러 가지 사정으로 보험을 들다 보면 보장 내용이 중복되는 경우가 많다. 은퇴 후에도 계속해서 보험계약을 유지하는 것은 빠듯한 생활비로는 큰 부담이 된다. 전체 보험계약을 펼쳐 놓고 꼭 필요한 보험인지, 보장 내용이 중복되는 것은 없는지 꼼꼼히 살펴볼 필요가 있다. 각 보험계약별로 보장 내용을 검토해서 중복된 보장은 해약한다.

질병 관련 보험은 유지하라

나이가 들어도 꼭 필요한 보험은 고령자의 보험가입이 제한되거나 가입이 되더라도 보험료가 비싸진다. 기존에 가입한 보험을 해지하고 새로 드는 것보다 그대로 유지하는 것이 유리하다. 특히 실손보험이나 치아보험, 암보험 등의 질병, 입원, 간병 등 노인성질환에 관련된 보험은 만일의 경우를 대비해서 잘 유지하도록 한다.

보험 정보를 가족과 공유하라

노후에 만일의 보험 사유가 생겼을 때를 대비하여 가족들이 당황하지 않게 보험의 존재를 미리 알 수 있도록 해 두어야 한다. 보험회사별, 보험계약명, 증권번호, 계약금액, 보장내용, 보험 만기일, 보험계약자, 보험금 수령인 등을 리스트로 만들어 따로 보관해야 한다. 질병 등으로 입원하거나 수술을 받게 될 경우 가족들이 보험금을 청구할 수 있도록 일목요연하게 정리해 두었다가 필요할 때 건네준다.

부동산은 어떻게 할까?

주거용 부동산 1채는 보유하라

주거용 부동산은 연령대에 따라서 살기 좋은 위치에 크기와 편리성을 유지하면 된다. 중년 이후에는 명절이나 집안 행사 때 친척이나 출가한 자녀들의 방문에 대비해서 어느 정도 큰 집을 선호한다. 하지만 노후에는 너무 큰집이 오히려 짐이 될 수도 있다. 청소도 힘들고 관리비 지출도 많고 유지비도 많이 든다. 언젠가는 혼자 살게 될 것도 염두에 두어야 한다.

주거용 부동산은 생존의 기초가 되기 때문에 적어도 부부가 모두 생존한 동안은 계속 유지할 필요가 있다. 자손에게 상속할 재산이 아니라면 주택연금을 활용하여 생존한 동안 연금을 받아서 생활비에 충당할 수도 있다.

생업용 부동산은 가업상속을 고려하라

부동산 중에는 사무실, 상가, 농지 등 생업의 기초가 되는 것이 있다. 생업의 기초가 되는 부동산은 잘 유지 보존해서 자녀에게 유업으로 물려줄 수도 있고, 노후 대책이 될 수도 있으므로 가족 간에 상의해서 상속할 것인지, 계속 유지하다가 매각할 것인지, 매각한다면 몇 년후 쯤 매각할 것인지를 함께 고민해 보는 것이 좋다.

중소기업을 운영한다면 잘 키워서 가업을 승계시키는 것도 고려해야 한다. 피상속인이 30년 이상 경영한 중소기업의 경우에는 상속세 계산 시 600억 원까지 가업상속공제를 받을 수 있다(「상속세 및 증여세법」 제18 조의2 제1항3호).

농지의 경우는 가족 중에서 농업을 이어받을 영농후계자가 있는지 여부를 따져 봐야 한다. 농업을 이어받을 후계자가 없는 경우에는 언젠가 매각을 해야 하는데, 농업인 이외의 사람에게는 농지 매각이 불가능한 점도 염두에 두어야 한다.

Question 05
농지나 임야는 어떻게 할까?

영농후계자에게 농지를 몰아주라

농지, 임야, 잡종지 등 주차장이나 창고부지로 임대하고 있는 토지가 있다. 농지나 임야는 영농후계자가 임업후계자가 되려는 자녀들이 있다면 유언이나 증여를 통해서 영농(임업) 후계자에게 농지나 임야를 한 사람으로 몰아주는 것이 좋다. 2년 이상 영농을 한 영농후계자는 30억 원 한도에서 영농상속공제가 가능하다(2023년 개정). 그렇지 않으면 공동상속으로 농지나 임야가 뿔뿔이 흩어지고 만다.

불필요한 농지는 사전에 매각

농업이나 임업을 이어받을 자녀가 없는 경우에는 농지(임야)를 매각하는 편이 좋을 수도 있다. 농지나 임야는 상속을 해도 관리가 문제이다. 상속인이 농업이나 임업에 종사하지 않기 때문에 상속 전에 매각하는 편이 좋다. 사용할 예정이 없는 토지를 물려주어도 상속인은 이것을 처분하는 데 상당한 어려움을 겪는다.

장기간 보유한 토지는 양도소득세가 감면되는지 알아보는 것이 좋다. 매각하지 않고 상속을 해도 상속인이 상속세를 부담하고 또 매각 시에 양도소득세를 부담할 수도 있기 때문이다.

후계자가 없으면 농지연금을 신청하라

어차피 자녀가 농사를 이어받을 생각이 없지만 본인은 농업을 계속해야 한다면 농지연금을 신청한다. 평생 자신의 농지에서 농사를 지으면서 농지연금을 받을 수 있다. 자신의 사후에는 농지은행에서 농지를 처분하여 정산하게 된다.

Question 06

자동차도 팔아야 하나?

자동차는 1가구 1대가 원칙

부부가 자동차를 각각 한 대씩 가지는 경우가 많다. 부부가 함께 일을 할 때에는 직업에 따라서 하는 일도 다르고 만나는 사람도 다르기 때문에 각자의 차를 가질 수밖에 없다.

은퇴 후 국민건강보험이 직장보험에서 지역보험으로 바뀌게 되면 자동차의 배기량과 사용연수가 재산별 등급점수에 반영된다(「국민건강보험법 시행령」 별표4). 자동차는 지역보험료 산정에서 불리하게 작용한다. 소득과 재산이 없어도 고급자동차를 가지고 있으면 기초연금 수급자격에서도 제외되고, 2대 이상의 자동차를 보유하면 1대만 제외하고 나머지는 재산으로 인정된다.

가구당 1대만 남기고 처분하라

은퇴 후에도 특별한 직업이 없으면서 차를 2대 이상 가지고 있을 필요는 없다. 차를 가지고 있는 것만으로도 할부금과 유류비, 보험료와 세금을 합하면 매월 50만 원 이상 100만 원 정도의 지출이 생기게 된다. 자동차에 관한 고정 지출을 줄이면 그만큼 윤택한 생활을 할 수 있다.

자동차를 처분하는 방법은 친척이나 지인 중에서 차가 필요한 사람에게 양도하거나, 중고차 딜러에 파는 방법, 중고자동차 시장에 파는 방법, 번개장터나 당근마켓 같은 직거래 사이트를 이용하는 방법, 수출용 자동차로 파는 방법 등 다양한 방법이 있다. 자녀들과 상의하면 유리한 방법으로 자동차를 쉽게 정리할 수 있다.

제3절

신변물품 정리

Question 01
신변물품 정리는 어떻게 하나?

친숙한 것부터 정리하라

노후 정리를 실시할 때는, 첫 번째로 가까운 것부터 정리하는 것으로 시작한다. 친숙한 것을 먼저 정리함으로써 필요한 것과 불필요한 것이 명확하게 나뉘기 때문에, 거기에서 전체적인 정리로 연결하기가 쉬워진다. 친숙한 것들의 정리는 먼저 필요한 것과 불필요한 것으로 나눈다. 필요한 것만 남기고 불필요한 것은 적극적으로 처분한다. 집안에 불필요한 것이 없으면 일상생활을 보다 쾌적하게 보낼 수 있다. 노후 정리는 자신의 몸에 무슨 일이 생겼을 때 가족이 당황하지 않도록 하기 위한 작업이므로 정말 필요한지 검토하면서 진행하는 것이 포인트이다.

필요한 것과 추억의 물건은 보존하라

추억이 있거나 지금도 쓰고 있는 것은 보존품으로 남긴다. 필요한 것을 예를 들면 지금도 사용하고 있는 것이 기본이다. 그 밖에 자주 사용하지는 않지만 확실하게 사용하는 것, 일기장이나 추억의 물건, 버리고 나면 후회할 가능성이 있는 것, 자신이 사용할 것은 아니지만, 이용가치가 있고 타인에게 양도할 수 있는 것은 일단 보존품으로 남겨둔다.

다만, 추억의 물건이라고 하더라도 너무 많은 트로피, 상패, 기념품은 중요도별로 엄선하여 정말 중요한 것만 남긴다. 추억이 깃든 사진도 너무 많으면 시대별, 사람별로 구분하여 중요도가 높은 것만 남긴다.

지금은 필요 없지만 언젠가는 쓰게 될지도 모른다는 애매한 판단은 추천하지 않는다. 지금 당장 필요하지 않거나 가치가 없는 것은 과감히 보존품에서 제외할 것을 추천한다.

쓸 일이 없는 것은 불용품으로 처리하라

더 이상 사용하지 않거나 마음에 들지 않는 것은 불용품으로 분류하여 처분한다. 불용품의 대표적인 것은 '고장난 물건'과 '용도 폐기된 물건'이다. 조금 수리하면 사용할 수 있더라도 고장난 채 방치되어 있다면 과감히 처분해 버린다. 불용품의 예를 들면 필름 카메라, 쓰고 버린 휴대폰,

분가한 자녀들의 어릴 적 장난감, 다시 보지 않을 책, 휴대폰, 삐삐 등이 있다. 그 밖에도 불용품 후보로는 10년 이상 한 번도 사용한 적이 없는 것, 나에게 별로 좋은 추억이 없는 부정적인 것, 쓰지 않아도 돈이 나가는 정기구매서비스(신문이나 잡지, 집 전화, 신용카드연회비, 케이블TV 이용료, 인터넷 사용료, 넷플릭스 등)나 오랫동안 사용하지 않거나 불필요하게 되는 것, 좋은 추억이 없는 것은 기본적으로 처분하는 것으로 방향을 세운다.

재활용을 먼저 검토하라

주변 정리를 하다보면 불필요한 것이 많이 나와서 놀라게 된다. 불용품이라고 해도 아직 사용할 수 있는 것은 곧바로 쓰레기로 처분하지 말고 재활용을 검토한다. 재활용은 필요한 사람에게 기증하거나 매각을 검토해 보는 것을 추천한다.

생활용품은 당근마켓이나 번개장터 등 온라인 사이트에서 필요한 사람에게 무료 나눔 하거나 매각을 할 수도 있다. 보석이나 명품은 오래된 디자인이라도 상상 이상의 가치가 있을 수도 있다. 매장에 갈 필요 없이 출장 매입이나 사진 감정 등의 방법으로도 시세 감정이나 매입, 처분이 가능하다.

귀금속과 골동품은 팔아야 할까?

고서화나 골동품은 감정을 받아두라

평가액이 높고 재산적 가치가 있는 귀금속과 골동품은 가치상승을 예상할 수 있으므로 즉시 판매하지 않고 오랫동안 보유하는 것도 좋다. 귀중한 서예와 골동품의 경우에는 소유자의 애착이 강하기 때문에 쉽게 처분하지 못할 수도 있다.

유명 서화나 골동품은 가치가 천차만별이고 진품이나 희소성 여부에 따라서 평가액이 크게 좌우된다. 감정을 의뢰하여 진품 여부(진품인가 모조품인가)를 확인하는 것이 중요하다. 유명한 화가라고 생각했는데 막상 감정을 해보면 모조품인 경우도 있다.

고가의 작품은 복수의 업자에게 견적을 받아둔다. 수천만 원을 호가하는 서화나 골동품은 상속세의 부담이 커질 수도 있으므로 세무사와 상담하여 신중하게 판단한다. 예술적 가치가 있는 유형재산의 평가금액은 2인 이상의 전문가의 평균액으로 하고 있다(「상속세 및 증여세법 시행령」 제52조).

귀금속과 골동품은 비상금으로 남겨두라

귀금속과 보석류 골동품 등은 필요할 때 언제든지 현금화 할 수 있기 때문에 비상금으로 남겨둔다. 동산 중에서 빨리 매각하지 말고 보유하는 편이 좋은 것은 가격상승이 예상되는 귀금속이다. 특히 금의 경우에는 과거 50년간 약 7배, 15년 동안 약 2배 상승하였고, 장기 보유할수록 가치가 상승하는 경향을 보인다.

또한 자녀에게 유산으로 남겨주어도 상속에 큰 부담이 없다. 골동품은 문화재적 가치가 있는 것은 팔지 말고 상속재산으로 남겨둔다. 경제적 가치가 크게 없는 골동품이나 수집품은 팔아서 현금화 하는 것도 좋다.

매각해서 노후 자금에 충당하라

귀금속, 보석류, 골동품 등을 팔아야 하는 경우는 수중에 현금이 부족한 경우이다. 경제적 가치가 크게 없는 골동품이나 수집품은 가급적 빨리 팔아서 현금화 하는 것이 좋다.

놀랍게도 많은 토지와 고액의 부동산을 소유하고 있는 사람이 늘 현금이 부족하여 어렵게 살고 있는 경우도 적지 않다. 노후에는 예상치 못한 치료 비용, 간호 비용, 사망 후의 장례 비용이 발생할 것을 염두에 두어야 한다. 환금성이 높은 재산 중에서도 불필요한 것들을 우선적으로 팔아서 생활비에 충당하는 것도 좋다.

Question 03
안 입는 옷, 가방, 신발은 어떻게 할까?

1년 내 미사용은 모두 버려라

가방이나 옷, 신발 중에서 버릴 것을 고르기는 어렵다. 막상 버리려고 하면 추억이 깃든 물건이고, '아직 쓸 만한데'라고 생각하며 쉽게 버리지 못한다. 그러다 보면 방구석마다 사용하지 않는 가방으로, 장롱 속에는 입지 않는 옷으로, 신발장에도 신지 않는 신발들로 넘쳐나 버린다.

방법은 버릴 것을 고르지 말고 남길 것을 고르면 쉽다. 1년 내에 입거나 신을 것을 먼저 고르고 나서 남는 것은 모두 버리는 것이다.

10년이 넘은 것도 처분하라

은퇴하면 정장보다는 편한 복장이 대세이다. 현역 시절 입고 다니던 양복, 넥타이, 가방, 신발 등은 계절별로 한 두 벌만 남기고 처분한다. 과거 10년 동안 한 번도 쓰지 않았거나, 10년이 넘어 유행이 지난 것을 골라서 폐기한다. 신발장에 가득한 찬 신발 중에서 자주 신는 신발은 몇 켤레 되지 않는다. 구매한 지 10년이 넘은 신발은 고무의 탄력성이 떨어져서 신을 수도 없다. 과감히 버린다.

안 쓰는 물건은 기부하라

기왕에 나에게 불필요한 물품을 버릴 바에는 좋은 곳에 쓰이는 것이 좋다. 공식적인 기부물품을 받아주는 곳으로서 의류, 가정용품, 가구 등의 기부를 받는 인기 있는 비영리 단체로는 굿윌스토어, 구세군(Salvation Army), 밀알복지재단, 푸르메 천사가게, 초록우산 어린이재단 등이 있다.

　인근의 요양시설에서도 기저귀와 같은 일회용품이 필요하다. 지역 노숙자 보호소에서는 의류, 세면도구, 침구와 같은 기본 품목을 항상 필요로 한다. 푸드뱅크에서는 부패하지 않는 식품과 개인 관리 및 위생 제품 기부를 받는다. 동물 보호소에서는 종종 반려동물 사료, 장난감, 침구 및 기타 물품 기부를 받는다. 도서관에서도 종종 책, 잡지 및 DVD 기증을 받는다. 학교에서도 종종 학용품, 책가방, 가볍게 사용한 옷 등의 기부를 받는다.

　마땅히 기증할 곳을 찾지 못하면 깨끗한 상자에 보관하였다가 튀르키예 대지진과 같은 대재앙이 발생한 나라에 기부하면 좋은 일에 쓰일 수 있다. 기부하기 전에 먼저 해당 단체나 기관에 연락하여 어떤 품목을 허용하는지, 기부에 대한 제한이나 지침이 있는지 확인하는 것이 중요하다.

중고 사이트에서 판매하라

은퇴 후 서류가방은 1~2개면 충분하다. 배낭이 편하고 손에 드는 가방을 들고 다닐 일은 거의 없다. 해외 출장도 없을 것이니 여행가방도 1~2개면 충분하다. 현역 시절 그 흔하던, 양주, 타월, 우산, 기념품 등은 필요한 사람에게 나눔 하여 집안을 단순하게 한다.

쓸 만하지만 사용하지 않는 물건들은 경매 사이트나 중고물품 사이트를 통해서 정리하는 방법도 있다. 상태가 좋은 브랜드 명품이나 새 옷 같은 옷, 인기 있는 신발은 인터넷 중고 사이트에서 잘 팔린다. 옥션 중고장터, 코베이옥션, 서울옥션 등의 인터넷 경매 사이트, 당근마켓이나 번개장터 등의 중고물품 직거래 사이트를 이용하는 사람도 늘고 있다.

Question **04**
명함, 사진, 동영상은 어떻게 할까?

안 쓰는 명함은 파쇄 또는 소각하라

대부분 받은 명함들은 명함수첩에 보관하고 있다. 옛날에 받은 명함들을 꺼내 놓고 다시 보면 이미 회사를 떠났거나 번호가 바뀌었거나 개인적인 인연이 끊긴 명함이 대부분이다. 인연이 끈긴 명함은 폐기한다. 명함을 폐기 할 때는 개인정보가 쓰레기와 섞이지 않도록 파쇄하거나 소각하는 방법으로 폐기한다.

계속해서 연락할 명함들은 스마트폰으로 찍어서 이미지로 저장하거나 휴대폰의 연락처에 이미지를 저장해두면 필요할 때 세부정보를 확인할 수 있어서 좋다. 요즘은 명함을 이미지로 찍어서 관리하는 스마트폰

앱도 넘쳐난다.

사진은 JPG 파일로 스캔하라

평생 동안 찍은 사진들은 소중한 기록이자 추억이 깃든 물건이라 버리기 쉽지 않다. 가족의 앨범 중에는 그리운 추억이 가득 담겨 있어서 좀처럼 버릴 수 없다. 결혼, 돌, 회갑, 여행 사진 등 추억이 되어버린 가족 사진도 버리기 어렵다. 특히 자녀의 어린 시절 사진과, 돌아가신 부모님 사진은 쉽게 버릴 수 없다.

사진을 정리하는 방법은 종이 사진을 펼쳐놓고 꼭 보존할 사진을 골라 놓고 나머지는 폐기하는 것이다. 보존할 사진은 시기별 사람별로 분류한다. 분류를 마친 사진은 JPG 또는 JPEG 파일로 스캔하여 디지털자료로 보관한다. 개인용 PC에 디렉토리별로 저장하면 나중에 찾기도 쉽다. 아무리 많은 사진도 USB 한 개면 오케이다.

사진을 디지털화하는 방법은 스캐너로 스캔하는 방법과 휴대폰으로 스캔하는 방법이 있다. 요즘 복합기는 스캐너 기능이 있어서 쉽게 스캔이 된다. 휴대폰의 '포토스캐너'와 같은 앱을 이용해도 쉽게 스캔하여 저장할 수 있다.

스캔한 데이터는 PC에서 폴더를 구분하여 알기 쉽게 파일명을 붙인다. 일단 사진을 디지털화하면 색상이 바래거나 훼손될 염려도 없고, 보관할 앨범도 필요 없다. 폐기 처분한 사진들도 필요하면 다시 출력하면 된다.

카세트 테이프는 MP3 파일로 변환하라

1970년대 까지만 해도 비디오는 귀하고 비싸서 결혼식 같은 중요한 행사도 카세트로 녹음을 했다. 지금은 카세트 플레이어가 없어서 귀중한 기록들이 사장되고 있다.

카세트 테이프를 보존하는 방법은 MP3 형태로 디지털화 하는 것이다. 집안의 중요한 행사를 카세트에 녹음해 두었다면 MP3 파일로 변환해서 보관하면 언제든지 다시 들을 수 있다. 카세트 플레이어가 아직은 가끔 보이지만 멀지 않아서 카세트 테이프는 재생이 어려울 수도 있다. 주변을 잘 살펴보면 카세트 플레이어와 USB 녹음을 동시에 지원되는 기계들을 찾아볼 수 있다. 이러한 기계를 이용해서 MP3 형태의 파일로 변환해서 보관하면 카세트 테이프가 훼손되더라도 귀중한 자료를 보존할 수 있다.

비디오 테이프는 MP4 파일로 변환하라

1990년대 이후에는 비디오가 일반화 되면서 본인의 결혼식, 부모님의 회갑연, 칠순잔치, 자녀의 돌잔치, 입학식, 졸업식 등 중요한 행사는 비디오로 촬영해서 보관하고 있다.

오늘날에는 비디오도 디지털로 촬영하기 때문에 비디오 테이프로 저장하는 일은 없다. 보관 중인 플레이어도 찾아보기 어렵게 되었다.

비디오 테이프에는 돌아가신 부모님의 모습과 음성이 담겨있고, 사랑하는 자녀의 어린 시절 모습과 음성이 담겨 있다. 비디오 플레이어가 없어지기 전에 중요한 기록물은 MP4 파일의 형태로 바꾸어서 보관하는 것이 좋다. 잘 찾아보면 비디오 플레이어와 DVD로 동시 녹화가 가능한 비디오 플레이어가 있다.

비디오 플레이어를 구할 수 없으면 전문점에 의뢰해서 MP4 파일로 만들어 보관한다. 동영상 자료를 디지털화하면 장기간 보관할 수 있고, 복사해서 먼 훗날 후손들에게 조상들의 생전의 모습과 음성을 남길 수도 있어서 좋다.

Question 05
오래된 가전제품 어떻게 처리하나?

용도 폐기된 가전제품은 버려라

신혼 시절 큰돈을 들여서 장만했던 가전제품들이 장롱 깊숙이, 또는 서랍 속에서 잠자고 있다. 필름카메라, 워크맨, 카세트 플레이어, 삐삐, 디카, 안 쓰는 휴대폰 등은 귀중품이 아니면서 귀중품 대접을 받고 있다.

이 모든 기기가 지금은 스마트폰 속으로 들어왔다. 중고로도 팔리지 않고 다시 쓸 일도 없다. 용도 폐기된 제품들은 더 이상 귀중품이 아니라 폐기물이다. 아깝다고 남겨두면 이리 저리 굴러다니다가 결국은 쓰레기로 폐기하게 된다. 그러므로 과감하게 폐기하고 남은 공간을 효율적으로 사용하는 것이 좋다.

너무 오래 쓴 가전제품은 교체하라

작동은 되지만 너무 오래된 가전제품들은 교체를 검토한다. 요즘 신제품들은 절전 효과가 크기 때문에 새 제품으로 바꾸어도 결코 손해 보는 것이 아니다. 과거의 크고 복잡한 가전제품은 콤팩트하게 진화되었다. 작고 단순하고 것으로 교체하면 공간을 넓게 쓸 수 있다.

Question 06
PC 속 디지털 정보 어떻게 할까?

저장 장치는 하나로 합하라

PC를 교체하면서 하드 드라이브를 따로 보관하는 경우도 있는데 다시 볼일은 거의 없다. 요즘은 하드디스크가 커져서 테라바이트 단위이기 때문에, 평생 동안의 데이터를 다 합쳐도 한 개의 하드디스크에 다 들어간다. 모든 자료를 한 곳으로 모으고, 불안하면 2곳으로 분산해서 백업하여 보관하면 안전하다.

오래전 자료들 중에는 3.5인치 플로피디스크나 CD, USB, 외장하드 등에 보관 중인 것이 있다. 지금은 플로피디스크가 없어졌지만, 과거의 플로피 디스크로 된 자료 중에서 보존할 필요가 있으면 3.5인치 디스크 드라이브가 있는 노트북에서 읽어 들일 수 있다. 시중에는 3.5인치 플로피 드라이브 리더기를 3만 원 내외로 구입할 수 있다. 꼭 보존할 데이터가 있으면 파일을 변환해서 보존한다.

지우고 싶은 흔적은 삭제하라

다시 볼 일이 없는 데이터는 선별해서 폐기한다. 누구에게도 보여주고 싶지 않은 데이터가 있다면 이것도 모두 삭제한다. 사진이나 동영상 파일 중에도 남에게 보여주고 싶지 않은 것은 모두 폐기한다. 비록 가족이라도 공개되면 문제가 되거나 민망한 사적영역의 자료들도 삭제해 두는 것이 좋다.

개인과 가족에 관한 자료 중 가족의 역사와 집안 내력, 자신의 이력 등 보존하고 남기고 싶은 자료들은 따로 폴더를 만들어서 보존하고, 후일 USB 등에 복사한 뒤 목록을 만들어서 가족에게 남겨준다.

남기고 싶은 자료는 대용량 저장장치로 통합하라

과거의 직업과 관계되는 업무 파일은 과감하게 정리해도 큰 문제는 없다. 다시 찾아볼 것 같아도 다시 찾아 볼일은 거의 없다. 하지만 특별히 비밀로 할 것이 없고, 자신의 일생의 흔적을 남기고 싶고, 폐기하기는 아깝다면 대용량 저장장치에 하나로 모아 놓는 것도 좋은 방법이다.

앞서 언급했듯이 오늘날 저장장치 용량이 테라바이트 단위로 커졌기 때문에 부담 없이 저장해서 보관해도 된다. 일생동안 사용했던 자료를 다 합쳐도 저장 용량에는 문제가 없다. 장르별로 분류해서 따로 보관하고 싶다면 이동식 저장장치나 USB에 따로 저장해도 된다.

컴퓨터 폐기 시에는 폐기증명서를 발행하라

자신이 사용하던 컴퓨터를 폐기하면서 하드디스크를 남겨둔 채로 처분하거나 재활용하는 경우가 생긴다. 하드디스크 내의 데이터들은 삭제했다고 해서 없어지는 게 아니다. 전문가들이 마음만 먹으면 얼마든지 복원할 수 있다.

특히 민감한 개인정보가 있거나, 업무용으로 사용하여 회사 기밀이 들어있는 컴퓨터는 폐기도 신중하게 해야 한다.

사용하던 PC를 폐기하고 재활용하고자 한다면 개인정보가 유출될 가능성이 있기 때문에, 반드시 기기의 초기화를 하고 디스크를 파괴해야 한다. 전문가에게 맡길 경우에는 반드시 기기의 초기화와 하드 디스크를 폐기하도록 하고 업체로부터 폐기확인서(초기화와 폐기증명서 발행)를 받도록 한다.

주거와 의료복지

내가 죽은 후, 배우자는 계속 이 집에 살 수 있나?

배우자가 계속 거주할 수 없는 사례

배우자를 잃은 아내(또는 남편)가 상속 문제로 자택에 계속 거주할 수 없게 되는 경우가 있다. 예를 들어 돌아가신 남편(또는 아내)의 재산이 자택밖에 없고, 배우자와 다른 공동상속인이 있는 경우이다. 또는 홀로 남은 배우자 이외에 다른 공동 상속인 간의 유산분할 협의가 이루어지지 않아서 공유분할이 되어 매각되거나 임차료를 지급하게 되는 경우이다.

일본의 배우자 거주권

초고령사회를 맞이한 일본에서는 민법을 개정하여 '배우자 거주권'을 설치하였다. 부부 중 한 쪽이 사망한 경우에 홀로 남겨진 배우자가 일생 혹은 일정기간 익숙하게 살던 집에서 계속 거주할 수 있는 권리이다.

배우자 거주권의 성립 요건은 ① 남겨진 배우자가 피상속인의 법률상 배우자일 것(혼인신고 하지 않은 배우자는 제외), ② 피상속인이 거주하던 건물에 사망 당시에도 거주하고 있었을 것, ③ 유산 분할, 유증, 사인증여, 가정법원의 심판으로 결정할 것 등이다.

배우자 거주권의 내용은 건물의 가치를 소유권과 거주권으로 분리하여 홀로 남은 배우자가 소유권은 상속을 받지 않고도 계속해서 거주하는 권리를 인정하는 것이다. 배우자 거주권을 등기하면 제3자에게도 대항할 수 있다.

이전에는 상속인인 배우자가 그 집에서 계속 살기 위해서는 부동산의 소유권을 상속받아야만 하기 때문에, 다른 재산의 상속을 감액해야만 하였다. 건물의 가치가 소유권과 거주권으로 분리되면, 홀로 남은 배우자는 소유권은 다른 상속인에게 양보하고 거주권만 상속받아서 살던 집에서 계속해서 살 수 있게 된다. 특히 연금생활자인 고령자에게 있어서는 배우자 거주권은 노후생활의 기초가 확보되는 강력한 제도라고 할 수 있다.

증여 또는 유언으로 배우자에게 상속하라

일생 동안 피상속인의 반려가 되어 함께 가정공동체를 형성하고 이를 토대로 가족의 경제적 기반을 획득하였다면 기여분을 주장하여 주택을 상속받을 수는 있겠으나 그 경우에도 유일한 재산이 주택 한 채뿐이라면 주택 전부를 상속받기는 어렵다. 따라서 공유분할이 불가피하게 되면 잔존 배우자는 살던 집에서 계속하여 거주할 수 없게 된다.

우리나라는 배우자 거주권이 따로 없기 때문에 홀로 남은 배우자가 살던 집에서 계속 거주하기 위해서는 그 주택의 소유권을 취득하여야 한다. 그 주택에 대한 상속인이 여러 명이면 상속인 간에 협의분할을 하여야 하는데 협의가 잘되지 않으면 공동상속이 될 수밖에 없다. 아파트와 같은 공동 주택의 경우에는 분할이 어렵기 때문에 공유로 하지 않는 것이 좋다. 공유지분 형태로 상속을 받으면 그 집을 매각해서 현금분할을 하거나 다른 공유자의 지분에 임차료를 지급해야 하는 번거로움이 있다.

잔존 배우자가 확실하게 계속하여 그 집에 살도록 하기 위해서는 공유분할을 피해야 하고 공유분할을 피하기 위해서는 생전에 미리 배우자에게 증여를 하거나, 생전에 "○○주택은 상속인 ○○에게 상속한다."라고 유언으로 명확하게 해 두는 것이 좋다.

Question 02

시골집 그대로 방치해도 될까?

자녀들은 멀리 도회지에서 살고 있고, 시골에는 노부부 혹은 독거노인이 살고 있는 경우가 허다하다. 건강한 동안에는 별 문제가 없겠지만 간병이 필요하거나 장기요양이 필요해서 요양원 또는 요양병원으로 들어가거나, 결국은 이곳에서 사망에 이르는 경우를 예상해보아야 한다. 그렇게 되면 부모 홀로 살았던 시골집은 거의 틀림없이 빈집으로 남게 된다.

노후화된 시골 주택의 상속을 꺼려하거나, 상속을 받고서도 거주하지 않고 비워두는 경우가 증가하여 빈집 문제는 커다란 사회 문제가 되고 있다. 빈집이 되기 전에 수리해서 주택을 유지하면 좋겠지만, 자녀들이 후일 고향집에 돌아가서 거주할 가능성도 있기 때문에 팔지도 않고 방치하는 경우가 있다.

빈집을 정비하지 않고 방치하면 붕괴의 위험이 있고, 경관을 손상시키거나 위생 문제를 일으킬 수 있기 때문에 이에 대한 대책이 필요하게 되었다. 2021년에 「빈집 및 소규모 주택 정비에 관한 특례법」이 제정되었다. 이 법은 '1년 이상 아무도 거주 또는 사용하지 아니하는 주택'을 빈집으로 정의하였다. 시장·군수 등은 빈집 소유자에게 안전조치, 철거 등의 필요한 조치를 명할 수 있다. 부모님이 낡은 집에서 살고 있는 경우에는 하루빨리 가족과 상의해서 주택을 수리하는 등의 대책을 세우는 것이 좋다.

Question 03
공공임대주택에 들어가려면?

마이홈포털을 검색하라

우리나라의 주거복지 서비스를 진단하고 검색할 수 있는 포털에는 국토교통부와 한국토지주택공사가 운영하는 '마이홈포털'이 있다. 마이홈포털에서는 전국의 모든 종류의 임대주택, 공공분양주택, 주거복지시설 등의 정보를 한 눈에 볼 수 있다.

신규 임대주택에 들어가고 싶으면

신규 임대주택의 입주 자격은 청년, 신혼부부, 무주택자로 한정하기 때문에 관심 있는 주택을 찾으려면 LH공사 등에 직접 문의하는 것이 좋다. 마이홈포털〉공공주택찾기〉임대주택찾기〉입주자모집공고에 접속해서 관심 있는 물건을 검색하면 된다.

임대 종류는 영구임대, 국민임대, 50년 임대, 매입임대, 10년 임대, 5년 임대, 장기 전세, 전세임대, 행복주택, 공공지원민간주택, 공공임대 등의 다양한 종류가 있다.

주택유형은 아파트, 연립, 다세대, 단독주택, 다가구주택, 오피스텔, 기숙사 등이 있다.

기존 임대주택을 찾는다면

기존 주택 매입임대 사업은 LH공사가 기존의 아파트, 다세대주택, 단독주택 등을 매입하여 임대하는 주택이다. 임대 종류는 매입임대, 국민임대, 행복주택, 50년 임대, 공공기숙사 등 종류가 다양하다.

기존 임대주택의 입주 자격은 기초생활수급자, 부도공공임대아파트 퇴거자, 주거취약계층(쪽방, 비닐하우스, 고시원, 여인숙, 노숙인 등), 긴급주거지원대상자(「긴급복지지원법」), 공동생활가정(저소득, 보호아동, 노인, 저소득 한부모, 성폭력피해자, 가정폭력피해자, 가출청소년, 성매매여성, 노숙인 등) 등으로 제한되어 있어서 일반 은퇴노인이 입주하기는 어렵다.

공공지원 민간임대주택을 찾는다면

공공지원 민간임대주택이란 정부가 지원하고 민간기업이 건설하는 공공지원 민간임대주택이다. 「민간임대주택에 관한 특별법」에 따라, 임대사업자가 다음의 어느 하나에 해당하는 주택을 10년 이상 임대할 목적으로 취득하여 임대료 및 임차인의 자격 제한 등을 받아 임대하는 민간임대주택이다.

공적지원과 공공성을 연계하여 ① 청년·신혼부부 등 주거지원 계층에게 ② 역세권 등에 중점 공급하고 주택도시기금 출자 지원, 용적률 건축 규제 완화 등 공공지원을 받은 경우에 해당하고 초기임대료 등을 규제받는다.

공급 대상은 청년, 신혼부부, 고령자이지만, 고령자의 경우에는 65세 이상의 무주택자로서 전년도 가구원수별 도시근로자 평균소득의 120% 이하여야 한다. 자세한 내용은 국토교통부의 '공공지원 민간임대주택 정책' 홈페이지를 참고하면 된다.

Question 04

노인복지주택에 들어가려면?

노인복지주택이란

노인복지주택은 「노인복지법」상의 주거시설이다. 노인복지주택은 노인을 대상으로 입주자를 위해 건강의료, 생활보조, 취미여가 등을 제공할 목적으로 민간사업자가 시설을 설치하는 노인주거복지시설이다. 요양시설과 달리 입주자의 입주금으로 운영되는 유료시설로 현재는 임대 형태로만 공급하고 있다.

입소 자격

단독 취사 등 독립된 주거 생활을 하는 데 지장이 없는 60세 이상의 사람이다. 입소자와 함께 입소할 수 있는 사람은 배우자와 19세 미만의 자녀 또는 손자 손녀이다(「노인복지법」 제32조와 같은 법 시행규칙 제14조). 노인복지주택을 임차한 사람은 해당 주택에 입소 자격이 없는 사람에게 다시 임대할 수 없다.

입소 절차

노인복지주택에 입소하려는 사람은 임대차계약을 해야 한다. 임대차는 당사자 간의 계약에 의한다. 만약 임대차계약 신청자가 정원을 초과한 경우에는 먼저 신청한 순위에 따라 입소하지만 신청순위가 같을 경우에는 ① 부양의무자가 없는 사람 → ② 「주민등록법」 상 연령이 많은 사람 → ③ 배우자와 함께 입소하는 사람 → ④ 19세 미만의 자녀 또는 손자 손녀와 함께 입소하는 사람의 순으로 입소 자격이 주어진다.

시설 규모 및 설비 기준(「노인복지법」 시행규칙 별표2)

노인복지주택단지 내 설치해야 할 시설은 침실, 관리실, 식당 및 조리실, 체력 단련실 및 프로그램실, 의료 및 간호사실, 식료품점 또는 매점, 비상 재해 대비시설, 경보장치가 있다. 「노인복지법상」 시설의 설치 기준에서 '침실'이란 취사할 수 있는 설비가 갖추어져 있고 목욕실, 화장실 등 입소자의 생활 편의를 위한 설비를 갖춘 공간을 말한다.

직원 배치 및 자격 기준

노인복지주택은 「노인복지법」으로 직원의 배치 기준을 규정하고 있다. 노인복지주택에 배치되어야 하는 최소 직원 기준은 시설장 1인, 사회복지사 1인, 관리인 1인이다. 사회복지사의 경우 「사회복지사업법」에 따른 사회복지사 자격증 소지자이어야 한다(「노인복지법」 시행규칙 별표2). 그 외 시설장과 관리인의 자격 조건은 규정되어 있지 않다.

노인복지주택 현황

「노인복지법」에 의해 설치 신고된 노인복지주택은 2021년 현재 전국에 38개 단지로 총 8,491세대가 입주하여 있다. 지역별로는 경기도가 14개 주택단지에 3,916세대로 가장 많은 노인복지주택이 설치되어 있다. 노인복지주택의 경우 1세대에 1명 또는 여러 명이 거주할 수 있으므로 통계의 세대수보다 실제 입소 정원은 더 많다.

연도별 노인복지주택 현황

	2017.12.31.	2018.12.31.	2019.12.31.	2020.12.31.	2021.12.31.
주택단지 수	33	35	35	36	38
세대수	5,998	6,389	7,684	7,925	8,491

Question **05**

노인장기요양보험을 이용하려면?

노인장기요양보험이란

경제 발전과 보건의료의 발달은 인구 구조의 급속한 고령화 문제에 직면하게 되었다. 즉, 노화 등에 따라 거동이 불편한 사람에 대하여 신체활동이나 일상가사활동을 지속적으로 지원해주는 문제가 사회적 이슈로 부각되었다.

이러한 사회 변화에 따른 새로운 복지수요를 충족하기 위해서 마련된 것이 노인장기요양보장제도이다. 고령이나 노인성 질병 등의 사유로 일상생활을 혼자서 수행하기 어려운 노인 등에게 신체 활동 또는 가사 활동 지원 등의 장기요양급여를 제공한다.

노인장기요양보험 가입대상

노인장기요양보험제도는 국민건강보험제도와는 별개의 제도로 도입·운영되고 있다. 노인장기요양보험제도를 건강보험 재정에 구속되지 않도록 「국민건강보험법」과는 별도로 「노인장기요양보험법」을 제정하여 2008년 7월부터 시행하고 있다.

국민건강보험 가입자는 의무적으로 장기요양보험에 가입되고, 국민건강보험료 고지서에는 노인장기요양보험료(건강보험료의 12.27%)도 함께 고지되기 때문에 국민건강보험 적용대상자는 모두 노인장기요양보험 대상자이다.

장기요양 인정 자격은 등급 판정을 받아야 한다

노인장기요양보험제도는 기존의 건강보험과는 별개로 일상생활의 기본적인 동작(ADL)이 저하되어 자립이 불가능한 노인 등에게 요양보호사의 방문서비스나 치매센터, 요양시설을 이용할 수 있도록 경제적인 지원을 해주는 제도이다.

신청 자격은 장기요양보험 가입자 및 그 피부양자 또는 의료급여수급권자 중 65세 이상의 노인 또는 65세 미만인 자로서 치매, 뇌혈관성 질환 등 노인성 질병을 가진 자 중 6개월 이상 혼자서 일상생활을 수행하기 어렵다고 인정되는 자이다.

장기요양 인정 절차는 ① 먼저 국민건강보험공단에 장기요양인정신청을 하여 ② 공단직원의 방문에 의한 인정조사와 ③ 등급판정위원회의 등급판정 ④ 그리고 장기요양인정서와 ⑤ 개인별 장기요양이용계획서의 작성 및 송부로 이루어진다.

보험급여의 15~20%는 본인 부담이다

국민건강보험의 '노인장기요양보험' 홈페이지에 접속하여 자세한 정보를 확인할 수 있다. 재가 및 시설 급여비용 중 수급자의 본인부담금은 장기요양기관에 직접 납부한다. 재가급여의 경우 당해 장기요양급여비용의 100분의 15, 시설급여의 경우 당해 장기요양급여비용의 100분의 20이다(「노인장기요양보험법」 제40조).

재가노인 복지시설을 이용하려면?

재가급여의 종류와 자격

재가노인복지시설은 장기요양보험에서 제공하는 노인복지 서비스이므로 기본적으로는 장기요양등급을 받은 사람을 대상으로 한다.

장기요양보험에서 지원하는 재가급여서비스에는 방문요양, 방문목욕, 방문간호, 주야간 보호, 단기보호, 복지용구 등의 서비스가 있다.

재가급여시설의 검색은 보건복지부에서 운영하는 '또 하나의 가족' 홈페이지에 접속하여 전국에 있는 ① 요양병원, 요양원, 공동생활가정, 실버타운 등의 시설급여, ② 주야간보호, 단기보호, 방문요양, 방문목욕, 방문간호, 복지용구대여 등의 재가급여, ③ 치매전담 요양원, 치매전담 주야간보호, 치매전담 공동생활가정 등의 치매전담 급여의 시설을 검색할 수 있다. 한편 스마트폰에서도 '또 하나의 가족' 앱을 설치하면 손쉽게 전국의 요양시설을 검색할 수 있다. '시니어 톡톡' 앱을 통해서도 주변의 요양시설을 쉽게 검색할 수 있다.

재가노인복지시설의 종류

재가노인복지시설이란 방문요양서비스, 주·야간보호서비스, 단기보호
서비스, 방문목욕서비스, 재가노인지원서비스, 방문간호 중 하나 이상의
서비스를 제공하는 시설을 말한다.

방문요양서비스	가정에서 일상생활을 영위하고 있는 노인으로서 신체적·정신적 장애로 어려움을 겪고 있는 노인에게 필요한 각종 서비스 제공
주·야간보호 서비스	부득이한 사유로 가족의 보호를 받을 수 없는 심신이 허약한 노인과 장애노인을 주간 또는 야간 동안 시설에서 보호
단기보호서비스	부득이한 사유로 가족의 보호를 받을 수 없어 일시적으로 보호가 필요한 심신이 허약한 노인과 장애노인을 시설에 단기간 입소시켜 보호
방문목욕서비스	목욕 장비를 갖추고 재가노인을 방문하여 목욕을 제공하는 서비스
재가노인지원서비스	재가노인에게 노인생활 및 신상에 관한 상담 제공, 재가노인 및 가족 등 보호자 교육, 각종 편의 등을 제공하는 서비스
방문간호서비스	수급자의 가정 등을 방문하여 간호, 진료의 보조, 요양에 관한 상담 또는 구강위생 등을 제공하는 서비스

재가급여 이용 자격과 신청 절차

재가급여서비스를 이용할 수 있는 자격은 공통적으로 장기요양등급
1~5등급을 판정받은 65세 이상의 노인이다. 신청 절차는 '장기요양인정
신청'과 '장기요양인정서'를 수령한 이후에 재가급여 신청이 가능하다.

가까운 지역에 장기요양기관으로 지정받은 재가노인복지시설(재가노인지원서비스 제외)을 찾아가서 ① 장기요양인정신청(공단 지사) → ② 방문조사 → ③ 등급판정위원회 → ④ 장기요양인정서 수령 → ⑤ 장기요양기관의 입소 절차에 따라 입소하면 된다.

방문요양 서비스

방문요양서비스는 일대일 맞춤형 돌봄 서비스로, 노인 장기요양등급을 받은 노인 가정에 국가공인 요양보호사가 직접 방문하여 신체활동, 인지활동, 가사 및 일상생활(옷 갈아입기, 식사도움, 청소, 세탁, 말벗, 외출동행, 방문목욕 등)을 지원하는 서비스이다.

방문요양서비스는 국민건강보험공단의 장기요양등급을 받은 사람은 누구나 서비스 이용금액의 85~100%(월 평균 약 100만 원)를 지원받고 이용할 수 있다. 따라서 어르신 또는 보호자가 부담해야 할 서비스 비용은 1시간에 약 3,000원으로 경제적으로 큰 부담 없이 이용할 수 있으며, 각 등급별로 월 이용한도액은 2023년 기준으로 1등급(1,885,000원), 2등급(1,690,000원), 3등급(1,417,200원), 4등급(1,306,200원), 5등급(1,121,100원)이다.

방문목욕 서비스 이용

노인장기요양보험을 통해 요양등급을 받게 되면 '방문목욕' 서비스도 이용할 수 있다. 누군가의 도움을 받아야 목욕을 할 수 있는 어르신을 위해 목욕준비, 이동보조, 전신목욕, 환복, 목욕 후 정리까지 도와주는 서비스이다.

방문목욕 이용대상은 장기요양등급 1~5등급을 판정 받은 어르신이면 이용가능하다. 방문목욕 이용 절차와 신청방법은 장기요양인정신청 후 장기요양인정서를 수령한 후에 가까운 지역의 방문목욕을 하는 시설을 찾아서 이용 계약을 통해 이용이 가능하다.

2023년 방문목욕의 1회 이용요금은 방문목욕차량을 이용할 경우 방문당 자기부담액 12,342원, 가정 내 목욕은 11,111원 수준이다.

방문간호서비스 이용

방문간호 서비스를 신청하려면 우선 방문간호 지시서를 의료기관이나 보건소에서 발급받아야 한다. 여기에는 수급자의 전반적인 건강상태, 질환명, 간호서비스 내용과 방문 횟수 등이 기재된다. 방문간호의 수가는 수급자의 질환명, 요양등급과 방문지역 등에 관계없이 1회 방문당 제공시간을 기준으로 산정된다. 수급자의 가정에서 간호 및 처치, 교육, 상담, 구강위생 등 서비스는 지시서에 따라 제공된다.

2023년 현재 본인부담률 15%의 경우 30분 미만은 5,916원, 60분 미만은 7,419원, 60분이상은 8,925원이다. 방문간호 수가에는 유치도뇨관, 기관지 삽입관, 거즈 등 재료비와 검사료 및 서비스 제공을 위한 간호사의 이동비용이 포함되며 다른 별도 비용은 산정되지 않는다. 방문간호 횟수는 방문간호 지시서에 의하지만 주 3회까지 산정할 수 있다(단, 응급 시는 예외).

주야간 보호센터 이용

주야간보호센터 서비스의 목적은 부득이한 사유로 인해 가족의 보호를 받을 수 없는 심신이 허약한 노인과 장애노인을 주간 또는 야간 동안에 보호시설에 입소시켜 필요한 각종 편의를 제공한다.

주야간보호센터 이용대상은 장기요양급여 수급자(1~5등급 또는 인지지원등급)로서 심신이 허약하거나 장애가 있는 65세 이상인 자로서 주간 또는 야간 동안의 보호가 필요한 자이다(전액 자부담으로 운영하는 시설은 60세 이상의 자).

주야간보호센터 서비스의 내용은 생활지도 및 일상동작훈련 등 심신의 기능회복을 위한 서비스, 일상생활지원(취미, 오락, 운동 등 여가생활 서비스), 일상동작훈련(이동, 체위변경), 기능훈련(물리치료적, 작업치료적, 언어치료적 훈련) 등이다. 급식 및 목욕서비스로서 몸 청결, 머리감기, 얼굴씻기, 손씻기, 구강관리, 몸단장, 옷갈아 입히기, 배설, 식사도움 등이다.

주야간보호센터의 보호기간은 1일로 시간은 8~22시로 하되, 시설의 운영 여건 및 이용 노인과 그 가정의 형편에 따라서 2시간 이내에서는 신축성 있게 운영이 가능하다.

주야간보호센터의 시설 기준은 이용 정원은 5명 이상, 단 주야간보호 제공시설 안에 치매전담실을 두는 경우 1실 당 이용 정원 25명 이하이다. 시설 규모는 5명에 대한 생활실을 포함하여 시설 연 면적 $90m^2$ 이상 확보해야 한다.

단기보호 서비스 이용

단기보호는 부득이한 사유로 가족의 보호를 받을 수 없어 일시적으로 보호가 필요한 심신이 허약한 노인이나 장애노인을 보호시설에 단기간 입소시켜 보호함으로써 노인 및 노인가정의 복지증진을 위한 서비스이다.

단기보호는 식사제공과 상시적으로 수급자 건강관리 및 위생관리, 수급자의 신체 상태를 고려한 적절한 운동을 제공하며, 월 1일 이상 9일 이내(가족의 여행, 병원치료 등 사유로 수급자를 돌볼 가족이 없는 경우 등에는 1회 9일 이내 범위에서 연간 4회까지 연장)에서 이용할 수 있다. 자세한 사항은 보건복지상담센터(국번없이 ☎129)로 문의하면 된다.

Question 07
노인맞춤돌봄서비스를 이용하려면?

생활지원사란

정부가 2020년부터 실시하는 65세 이상 기초생활수급자, 차상위계층, 기초연금 수급자 등의 노인을 위한 맞춤돌봄서비스 수행 인력이다. 기존 노인돌봄 사업의 생활관리사와 노인돌보미는 생활지원사로 명칭이 통일되었다.

생활지원사는 복지관 등 노인맞춤돌봄 서비스 수행기관에서 공개모

집을 통해 선발되며 1년 단위의 기간제 근로자로 근로 계약이 만료되면 자동 종료된다. 생활지원사는 1일 5시간 주 25시간을 근무한다. 일상생활이 취약한 노인에게 안전지원, 사회참여, 생활교육, 일상생활 지원 서비스를 제공하며, 생활지원사 1명이 14~18명의 어르신을 관리한다.

생활지원사의 노인맞춤돌봄 서비스 대상자

노인맞춤돌봄서비스로 생활지원사의 돌봄을 받는 대상자는 만 65세 이상으로서 ① 국민기초생활수급자, ② 차상위계층 또는 ③ 기초연금수급자로서 유사 중복사업 자격에 해당되지 않는 자이다.

다만, ① 독거·조손·고령부부 가구 노인 등 돌봄이 필요한 노인, ② 신체적 기능 저하, 정신적 어려움(인지저하, 우울감 등) 등으로 돌봄이 필요한 노인, ③ 고독사 및 자살 위험이 높은 노인 등 시장·군수·구청장이 서비스가 필요하다고 인정하는 경우 예외적으로 제공 가능하다.

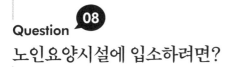

Question 08
노인요양시설에 입소하려면?

노인요양시설은 어디서 알아보나

치매 또는 만성질환으로 누군가의 돌봄이 필요하거나, 1인 가족이 되어서 혼자 생활하기가 어렵게 되면 어쩔 수 없이 노인요양시설을 이용하게 된다.

노인요양시설에는 「의료법」상의 요양병원(「의료법」 제3조제2항3호), 「노인복지법」상의 노인요양시설(요양원)과 노인공동생활가정(「노인복지법」 제34조) 그리고 실버타운이 있다. 요양병원과 요양원의 차이점은 별도로 자세히 설명한다. 실버타운은 노인주거시설로서 60세 이상의 건강한 어르신의 주거시설이다.

주변의 노인의료 복지시설을 알아보려면 보건복지부의 '또 하나의 가족' 사이트 또는 스마트폰에서 '또 하나의 가족' 앱에서 쉽게 검색할 수 있다.

요양병원과 요양원의 다른 점

첫째, 요양원과 요양병원은 이용 목적이 다르다. 요양병원은 치료와 보호가 목적이지만 요양원은 생활시설로서 환자의 돌봄이 목적이다. 물론 요양원에서도 병원치료를 받을 수 있지만 병원비는 당연히 본인의 부담이다.

둘째, 요양병원은 요양병원과 계약을 맺은 간병사(요양보호사 포함)들이 위탁으로 환자를 돌보기 때문에 간병비는 개인부담이다. 요양원은 간병비를 국가에서 지원받기 때문에 별도의 간병비 부담은 없다.

셋째, 식사비 차이가 있다. 요양병원의 식사는 보험에서 50%를 지원하는데, 요양원의 식사비는 전액 자부담이다.

넷째, 입소비용인데 요양병원의 경우 장기요양등급에 상관이 없이 7

등급으로 구분하여 정액수가(의료급여 20%)를 적용한다. 입원료는 대략 월 80~150만 원이 소요된다. 요양원은 장기요양보험 1~3등급을 받은 경우 시설급여(20%) 45만 원 내외, 식대와 간식비 등 비급여항목을 합한 본인 부담금은 월 75~90만 원 수준이다.

요양병원

의사나 한의사가 의료를 행하는 곳으로 요양환자 30명 이상을 수용할 수 있는 시설을 갖추고 주로 장기요양이 필요한 입원환자에게 의료를 행할 목적으로 개설하는 의료기관이다(「의료법」 제3조제5항).

요양병원은 노인성질환 등으로 인해 의사의 지속적인 처치나 재활이 필요한 사람에게 적합한 시설이다. 중증 이상의 치매, 뇌졸중(중풍) 후유장애, 파킨슨병, 퇴행성관절염으로 거동이 불편하고 통증이 심한 환자, 만성 기관지 질환으로 호흡곤란과 거동이 불편한 환자, 호스피스가 필요한 말기 암 환자, 고착된 만성질환으로 간병, 수발과 계속적인 의학적 처치가 필요한 환자는 요양병원에 입원하여 치료를 받는 것이 좋다.

그러나 요양병원은 요양보호사가 상주하지 않아서 필요시 개인 간병인을 고용해야 하기 때문에 간병비가 많이 든다. 따라서 노인장기요양등급 자 중 의사의 지속적인 의료적 처치가 필요하지 않은 사람은 요양원으로 가는 것이 좋다.

'건강보험심사평가원' 홈페이지에서 의료정보 〉 의료평가정보 〉 병원평가검색을 조회하면 질병명별, 지역별, 병원 종별로 요양병원의 등급을 확인할 수 있다.

요양원

집에서 식사 준비나 개인위생 등 독립적인 생활이 어려워 누군가의 도움을 꼭 필요로 하는 분들이 가는 곳이다. 요양원은 엄격한 의미로는 의료기관이라기보다는 '돌봄'을 목적으로 하는 생활시설이다. 요양원에서는 노인성 질병으로 인해 일상생활이 어려운 어르신들이 주로 입소한다. 치매, 뇌졸중(중풍), 기타 만성질환이나 장애가 있지만 계속적인 간병과 전문적인 치료를 요하지 않는 사람이 입소한다.

요양원에 입소하기 위해서는 먼저 장기요양등급 판정을 받아야 하는데, 장기요양을 신청하면 심사요원이 나와서 환자에 대한 상세한 상태를 확인한 후에 심사보고를 올리면 건강보험공단에서 심사위원회 (보통 의사들로 구성)를 열어 등급을 결정하게 된다. 일상생활이 다소 어렵지만 장기요양등급을 받을 수 없다면 100% 자부담으로 입소가 가능하다.

요양병원과 요양원의 차이점

구분	요양병원	요양원
법적 근거	의료법	노인복지법
적용보험	국민건강보험	노인장기요양보험
목적	30인 이상 수용시설, 장기요양을 요하는 입원환자에게 의료 목적	치매, 뇌졸중 등 노인성 질환으로 인한 심신의 상당한 장애로 도움, 일상생활 편의 제공

서비스 내용	노인성 질병을 치료하거나 예방	노화 현상에 의한 신체, 정신기능의 쇠퇴로 인해 거동이 불편한 자에게 세면, 배설, 목욕 등의 생체활동 지원과 조리, 세탁 등 일상가사 지원
인력배치	의사(40인당 1인), 간호사(1일당 입원 6명당 1인), 물리치료사(병원당 1인, 100인 초과 시 1인 추가), 사회복지사(병원당 1인)	사회복지사(시설당 1인, 100인 초과 시 1인 추가), 간호사(입소자 25인당 1인), 물리치료사 또는 작업치료사(입소자 100인당 1인), 요양보호사(입소자 2.5인당 1인)
서비스 한도	치료 종결 시 또는 본인 및 의사의 판단에 따라 의료서비스 제공	노인장기요양보험의 월 한도액 범위 내에서 제공

공동생활가정

가족 같은 분위기의 소규모 보호복지시설로 공동생활가정(그룹홈)이 있다. 공동생활가정은 사회 생활에 적응하기 어려운 아동, 청소년, 노인들을 각각 소수의 그룹으로 묶어 가족적인 보호를 통해 지역 사회에 적응할 수 있도록 도와주는 프로그램이나 제도이다.

노인 그룹홈의 경우 초기치매 노인들, 혹은 농촌에서 홀로 살고 있던 노인들이 주로 함께 거주하며 생활한다. 그룹홈 거주자들이 서로를 가족이라고 칭하는 등 유사 가족의 성격을 띠고 있다. 고령층이 증가하는 사회에서 노인들이 서로 의지하고 즐거운 노년 생활을 보내며 자립할 수 있는 역할을 한다.

그룹홈은 대규모 인원을 수용하는 일반 사회복지시설과는 달리 소규모의 가족적인 분위기를 형성하기 때문에 거주자들이 심적으로 안정감을 가지고 대인관계를 형성할 수 있다는 장점이 있다. 또한 사회복지사가 거주자들에게 더 집중하여 케어할 수 있으며, 노인 그룹홈의 경우 유사한 상황의 사람들이 함께 모여 살면서 외로움을 달래고 자립 능력을 기를 수 있다. 우리나라에서 그룹홈이 지금보다 널리 정착되려면 더 많은 관심이 필요하다.

대부분이 요양원으로 허가를 받고 가정집 형태로 운영하면서 공동생활가정이라고 홍보하고 있다. 가족 형태의 요양원으로 보면 된다. 요양원과 다른 점은 입소 정원이 5~9명으로 요양원보다 규모가 훨씬 작다는 점이다. 공급이 워낙 작고 사회 적응이 어려운 사람들을 대상으로 하기 때문에 일반 노인이 이용하기는 매우 어렵다.

실버타운

실버타운은 특별한 입주 조건이 없으므로 장기요양등급 신청이 어렵다면 실버타운 입주도 고려해 볼만 한다. 실버타운은 전국에 30~40개가 있다. 60세 이상의 노인들이 편하게 생활할 수 있도록 특별히 설계된 고급콘도나 리조트형 호텔이라고 생각하면 된다. 시설 구분도 요양이나 의료시설이 아닌 '주거시설'이다.

말 그대로 살고 있는 집의 거처를 옮기는 것이지 몸이 불편해 누구의 도움을 받으러 가는 것이 아니다. 따라서 의사나 요양보호사 등이 상주하지 않는 대신 노인들을 위한 편의시설이 잘 마련되어 있다.

고급 실버타운은 입주민을 위한 전용식당, 수영장, 헬스장, 물리치료실, 게이트볼장을 비롯하여 카페, 당구장, 도서관, 컴퓨터실 등도 구비하고 있다. 이러한 편의시설뿐만 아니라 노래교실, 라인댄스, 서예나 공예 프로그램도 운영하여 입주민의 활발한 여가활동을 돕고 있다.

어느 정도 기본적인 건강과 경제력이 있으면서 편하게 지내고 싶어 하는 노인들에게 적합하다. 법적으로 60세 이상만 되면 입주가 가능하지만 주로 70~80대 노인들이 입주민의 대다수를 차지하고 있다. 건강한 어르신을 대상으로 하기 때문에 정부 보조는 없고 의사도 상주하지 않는다. 입주보증금은 약 1~4억 원이고 매월 부담금이 100만 원에서 250만 원 선이다.

제5절

유언과
사후 준비

Question 01
유언은 어떻게 하나?

무엇을 유언할 수 있나

'유언'이라고 하면 고인이 죽기 전에 남긴 마지막 말 정도로 생각하기 쉽다. 하지만 법적으로는 '유언자가 자기의 사망과 동시에 일정한 법률효과를 발생시킬 목적으로 일정한 방식에 따라 행하는 행위'를 말하며 유언은 반드시 법이 정한 형식을 갖추어야만 한다.

유언은 민법(제1060조)에서 정한 방식에 의하지 아니하면 효력이 없어 무효가 되며, 의사능력이 있는 만 17세 이상의 미성년자가 작성할 시 효력이 발생한다. 유언을 할 수 있는 사항은 법정사항이다. 즉, 법률로 정한 사항에 한해서만 유언을 할 수 있다. 법정유언사항 이외의 사항을 유언장에 적으면 유언으로서의 법적 효력은 발생하지 않지만 가족에게 전하는 말 정도로 작성해도 좋다.

법정유언사항

가족관계 사항	친생부인(본인의 자식이 아니라고 부인하는 일), 인지(혼인 외의 출생자를 자기의 자(子)로 인정하는 것), 후견인의 지정 등
상속에 관한 사항	상속재산의 분할 방법 지정 및 위탁, 상속재산의 분할 금지
재산의 처분에 관한 사항	유증, 재단법인의 설립을 위한 재산 출연 행위, 신탁의 설정
유언의 집행에 관한 사항	유언집행자의 지정 또는 위탁

※ 민법상 유언의 방식은 자필증서, 녹음, 공증, 비밀증서, 구수증서의 5가지 형식이 있다.

자필증서에 의한 유언

자필증서에 의한 유언장을 작성하기 위해서는 유언장의 내용과 작성일자, 주소와 성명을 모두 자필로 쓰고 도장을 찍어야 한다. 외국어도 가능하지만 컴퓨터로 작성하거나 대필하거나, 날짜가 없거나 도장이 없으면 무효가 되는 수가 있다.

자필증서 유언을 보관한 사람 또는 이를 발견한 사람은 유언자의 사망 후 지체 없이 법원에 제출하여 그 검인을 청구해야 한다(「민법」 제1091조 제1항).

유언으로서 효력이 없는 경우

- 타인이 대필한 경우 비록 유언자가 구술하였거나 승인한 것이라 하더라도 유언으로서 효력이 없다.
- 타자기나 워드프로세서 등의 문서 작성 기구를 이용하여 유언장을 작성한 경우
- 자필증서를 작성하여 복사한 경우
- 연, 월만 기재한 경우
- 유언자의 날인이 없는 경우

• 자필증서에 의한 유언의 예

자필증서유언은 다음과 같은 예에 따라 자필로 작성한다.

> ### 유언장
> 나 ○○○가 죽으면 다음과 같이 처리해 주기 바랍니다.
>
> 1. 부동산 A는 장남에게 상속한다.
> 2. 은행에 예금된 약 ○○○만원은 장녀에게 상속한다.
> 3. 경기도 여주에 있는 땅(○○면, 번지)은 배우자 ○○○에게 준다.
> 4. (서울시 구 동 번지)는 나의 차남임을 인지한다.
> 5. 유언집행자는 ○○○로 한다.
> 6. 장례방법 등
> 7. 가족에게 당부할 사항 등
>
> 2023. 4. ○○.
> 서울시 종로구 사직로 ○○번길
> 유언자 ○○○(인)

※ 1번에서 5번은 법정 유언 사항이다. 단, 본인이 희망하는 장례 방법, 사후 남은 가족에게 당부할 말 등도 기재할 수 있으나 유족이나 상속인의 법적인 의무사항은 아니다.

녹음에 의한 유언

유언자가 유언의 취지, 그 성명과 연월일 등을 정확하게 말하고 이에 참여한 증인 1명 이상이 유언의 정확함과 그 성명을 구술하는 형태의 유언으로 음향녹음장치나 기구로 녹음을 해야 한다(음반, 테이프, 필름, 비디오 동영상 촬영 등). 자필증서 유언과 마찬가지로 녹음유언을 보관한 사람 또는 이를 발견한 사람은 유언자의 사망 후 지체 없이 법원에 제출하여 그 검인을 청구해야 한다(「민법」 제1091조제1항).

공정증서에 의한 유언

공정증서에 의한 유언은 유언자가 증인 2명이 참여한 공증인의 면전에서 유언의 취지를 말로써 전하고, 공증인이 이를 필기 낭독하여 유언자와 증인이 그 정확함을 승인하고 각자 서명 또는 기명날인해야 한다. 즉, 공증인이 공정증서의 작성요령에 따라 유언을 하는 것이 공정증서유언이다.

증인	결격사유가 없어야 하고, 유언자가 유언을 시작할 때부터 증서 작성이 끝날 때까지 참여해야 한다.
공증인	공증에 관한 직무를 수행할 수 있도록 법무부 장관으로부터 임명을 받은 사람과 법무부 장관으로부터 공증인가를 받은 법무법인 등을 말한다.

공정증서의 특징

- 공정증서가 작성되면 이는 진정한 것으로 추정되므로 다른 유언방식에 비해 분쟁 해결이 쉬워진다.
- 다른 유언방식과 달리 유언장의 존재를 입증하는 법원의 검인절차를 밟지 않아도 된다.
- 다만, 공증인을 통해 유언하는 것이므로 제반 수수료를 유언자가 부담해야 한다.

※ 유언의 검인
법원이 유언 방식에 관한 모든 사실을 조사한 후 이를 확정하는 것을 말하며, 자필증서유언, 녹음유언, 비밀증서유언, 구수증서의 유언의 경우 법원의 검인을 받아야 한다.

비밀증서에 의한 유언

비밀증서에 의한 유언은 유언의 내용을 비밀로 하기를 원할 때 이용한다.

비밀증서에 의한 유언은 유언자가 자신의 성명을 기입한 증서를 엄봉날인(嚴封捺印)하고 이를 2명 이상의 증인의 면전에 제출하여 자기의 유언서임을 표시한 후 그 봉서 표면에 제출, 연월일을 기재하고 유언자와 증인이 각자 서명 또는 기명날인 한다. 그리고 그 표면에 기재된 날로부터 5일 내에 공증인 또는 법원서기에게 제출하여 그 봉인 위에 확정일자인을 받아야 한다(「민법」 제1069조제2항).

봉인된 유언증서는 유언자 사망 후에 법원의 검인을 받아야 하는데, 법원이 봉인된 유언증서를 개봉할 때에는 유언자의 상속인, 그 대리인 기타 이해관계인이 참여해야 한다(「민법」 제1092조).

※ **엄봉날인** : 증서를 엄봉한다는 것은 봉투에 넣거나 종이 등으로 싸서 이를 훼손하지 않고는 개봉할 수 없도록 굳게 봉하는 것을 말한다.

비밀증서에 의한 유언의 특징

- 비밀증서로 작성된 유언봉서는 그 표면에 기재된 날로 부터 5일 이내에 공증인 또는 법원서기에게 제출하여 그 봉인 상에 확정일자인을 받아야 한다.
- 비밀증서에 의한 유언이 증서의 전문과 연, 월, 일, 주소 성명도 자신이 직접 서명하고 날인함으로써 자필증서의 방식에 적합한 때에는 비밀증서의 방식에 결함이 있는 경우라도 자필증서로 유효하게 된다(판례).

• 비밀증서에 의한 유언의 예

비밀증서유언은 다음과 같은 예에 따라 작성한다.

유언장
나 ○○○가 죽으면 다음과 같이 처리해 주기 바랍니다.

1. 부동산 A는 장남에게 상속한다.
2. 은행에 예금된 약 ○○○만원은 장녀에게 상속한다.
3. 경기도 여주에 있는 땅(○○면, 번지)은 처에게 준다.
4. (서울시 구 동 번지)는 나의 차남임을 인지한다.
5. 유언집행자는 ○○○로 한다.

2023. 5. ○○.
유언자 ○○○ (인)
필기자 ○○○ (인)

유언장의 봉투

○○○의 유언장
제출일 2023.5.○○.
유언자 ○○○ (인)
증인 ○○○ (인)
증인 ○○○ (인)

구수증서에 의한 유언

구수증서에 의한 유언은 질병 또는 그 밖의 급박한 사유로 인하여 다른 방식에 따라 유언할 수 없는 경우에 유언자가 2명 이상 증인의 참여로 그 1명에게 유언의 취지를 구수(口受)하고, 그 구수를 받은 사람이 이를 필기 낭독하여 유언자의 증인이 그 정확함을 승인한 후 각자 서명 또는 기명날인 하는 것을 말한다. 급박한 사유란 사망이 시간적으로 가까운 경우를 말한다. 즉, 질병 등으로 위독한 상태를 말하며 본인이나 증인 그 밖에 주위 사람에 의해 위독하다고 판단되는 경우를 말한다.

구수증서에 의한 유언을 한 경우에는 그 증인 또는 이해관계인이 급박한 사유가 종료한 날로부터 7일 이내에 법원에 그 검인을 신청해야 하는데, 급박한 사유가 종료된 날이라 함은 유언이 있는 날을 의미하므로 구수증서를 작성한 날로부터 7일 이내에 법원의 검인을 받아야 한다(판례). 만약 자필증서유언, 녹음유언, 공정증서유언, 비밀증서유언을 할 수 있는 경우에는 급박한 사유가 아니므로 구수증서 유언을 할 수 없다.

• **구수증서에 의한 유언의 예**

구수증서 유언은 다음과 같은 예에 따라 작성한다.

유언장

유언자 ○○○(서울시 종로구 ○○로 ○○길)는 2023. 05. ○○. ○○○병원 ○○호에서 다음과 같이 유언을 구술했다.

1. 부동산 A는 장남 ○○○에게 상속한다.
2. ○○은행에 예금된 약 ○○○만원은 장녀 ○○○에게 상속한다.
3. 경기도 여주에 있는 땅(면, 번지)은 처○○○에게 준다.
4. ○○○(서울시 ○○구 ○○동 ○○번지)는 나의 차남임을 인지한다.
5. 유언집행자는 ○○○로 한다.

위 취지의 유언자 구수를 증인 ○○○이 필기한 후 유언자 및 ○○○에게 낭독해
준 바 모두 필기가 정확함을 승인 하였다.

2023. 5. ○○.
유언자 ○○○ (인)
필기자(증인) ○○○(인)
증인 ○○○(인)

유언 시 주의 사항

위 항목 중 자필증서는 반드시 본인의 날인(도장을 찍음) 이 있어야만 법적
인 효력이 있으며, 그 외의 4개 항목은 날인 혹은 서명이 요구된다.

• 유언이 여러 개가 있을 경우 가장 마지막 날짜에 만들어진 유언에 따른다.

• 공정증서와 비밀증서를 제외하고는 모두 법원의 검인절차가 필요하다.

• 유언은 유언 당시 의사능력을 필요로 하므로, 치매 등으로 정신과 치료를 받은
  경우 의사능력의 결여로 무효가 될 수 있음을 유의해야 한다.

증인 섭외가 필요한 유언과 인원	
자필증서유언	증인 필요 없음
녹음유언	1명 이상
공정증서유언	2명
비밀증서유언	2명 이상
구수증서유언	2명 이상

Question **02**

유언장이 있는지 어떻게 찾나?

먼저 집안을 확인하라

유언장을 어디에 두었는지 확실하지 않은 경우 유언장을 찾기 위해 취할 수 있는 몇 가지 단계 중에서 첫 번째가 집안을 확인하는 것이다.

금고가 있다면 금고 속, 부동산 권리증이나 보험증권 등 중요 문서를 보관하는 장소, 개인 PC 파일 중에서 제목이 '유언장', '유서', '희망노트', '노후 정리노트', '엔딩노트', 'Will', 'Estate Planning' 등의 레이블이 붙은 폴더를 검색하여 내부에 원본 문서가 있는지 확인한다.

발견된 유언서의 제목은 중요하지 않다. 형식이 민법상의 유언의 형식을 갖추고 있으면 유효한 유언이다. 따라서 지체 없이 가정법원의 검인을 받아두는 것이 중요하다. 가정법원의 검인은 유언장이 변조되는 것을 막기 위한 법적 조치이기 때문이다.

비록 민법상의 형식을 갖추지 못한 유언장이라도 유서로서의 효력은 있으니 가족들과 공유하도록 하고 가급적 고인의 유지를 받들도록 한다.

거래하는 변호사 또는 법무사에게 연락한다

유언장 작성에 법적인 도움을 받은 경우 변호사 또는 법무사의 사무실에 연락하여 사본이 있는지 또는 원본 문서가 어디에 있는지 문의한다. 공정 증서로 작성하였다면 공증인 사무소에 비본이 있다.

가정법원에 연락한다

유언장을 찾을 수 없는 경우 해당 지역의 가정법원에 연락하여 유언장 검인 사실이 있는지, 유언장 사본이 있는지 확인한다.

신뢰할 수 있는 가족이나 친구에게 물어본다

가족이나 가까운 친구에게 연락하여 유언장의 존재를 물어본다. 도움이 되는 정보를 제공하거나 직접 사본을 구할 수도 있다. 믿을 만한 가족이나 지인에게 유언장을 맡겨 놓는 경우도 있다.

치매에 걸리면 누가 나를 돌봐주나?

치매실종자 1만 명 시대

경찰청 조사에 따르면, 지난 3년 간 치매환자 실종 신고 건수는 ▲2017
년 1만 308건, ▲2018년 1만 2131건, ▲2019년 1만 2479건, ▲2020
년 1만 2272건, ▲2021년 1만 2577건으로 지난 5년간 계속해서 1만 건
을 넘어서고 있다. 경찰청에서 오는 문자 중 가출한 노인을 찾는 문자를
심심찮게 볼 수 있다.

치매에 걸리면 지남력 장애로 정상 생활이 어렵다

치매환자의 실종은 알츠하이머병의 대표적 증상인 '지남력 장애'와 관련
이 있다. 지남력이란 자신이 처한 상황을 올바르게 인식하는 능력으로,
시간, 장소, 인물, 하고 있는 행동 등을 정확히 인지하는 것을 뜻한다.

   지남력에 문제가 생긴 치매 환자는 병이 진행될수록 증상이 심해지는
양상을 보이는데, 초기에는 날짜 관념이나 길눈이 흐려지는 정도라면,
시간이 갈수록 낮과 밤, 계절을 구분하지 못하고 늘 다니던 길도 헷갈려
서 갑자기 길을 잃곤 한다. 이 상태에서 증상이 더욱 심해질 경우 집안에
서도 방이나 화장실을 찾지 못하게 된다.

재산관리를 맡기려면 후견인을 선임하라

치매 증상이 심해지면 정상적인 생활을 기대하기 어려우므로 건강한 때에 재산과 신상보호를 위한 대리인으로 후견인을 선임해 두는 것이 좋다.

'임의후견'이란 일반 성인이 질병, 장애, 노령, 그 밖의 사유로 인한 정신적 제약으로 사무를 처리할 능력이 부족한 상황에 있거나 부족하게 될 상황에 대비하여 자신의 재산관리 및 신상보호에 관한 사무의 전부 또는 일부를 미리 다른 사람에게 위탁하고, 그 위탁사무에 관해 대리권을 수여하는 계약을 체결하여 그 계약으로 선임한 후견인으로부터 재산관리 및 일상생활과 관련된 사무에 대해 보호와 지원을 제공받는 제도이다(민법 제959조의14제1항 참조). 후견을 원하는 사람에게 원하는 수준의 후견서비스를 받고 싶은 사람은 후견계약을 체결하여 임의후견인을 선임할 수 있다. 후견인은 가족 중에서 선임해도 되지만, 변호사나 법무사 등의 법률전문가를 선임하는 경우도 있다.

후견계약은 공정증서로 작성

후견계약은 공정증서로 체결해야 한다(민법 제959조의14제2항). 계약서 내용은 정부에서 작성한 '표준후견계약서'를 검색해서 사용하면 된다, 이 표준계약서를 참조해서 위임인과 후견인이 신분증을 지참하고 공증인 사무소에 가면 간단하게 공정증서로 임의후견계약을 작성할 수 있다.

공증인 사무소란 공증 담당 변호사를 두고 공증인가를 받은 법무법인 등이 설치한 사무소를 말하며, 이를 통해 소정의 수수료를 내고 공정증서를 만들 수 있다.

후견등기와 후견감독인 선임 후 후견 개시

임의후견계약은 계약만으로 효력이 생기는 것이 아니라 후견을 받을 사람이 자신의 재산관리 및 신상보호에 관한 사무의 전부 또는 일부를 미리 위탁하고, 그 위탁사무에 관하여 대리권 수여의 내용을 정한 계약을 체결하여 이를 공정증서로 작성하고, 후견계약의 등기를 하고 법원에서 후견감독인을 선임해야 후견이 개시되는 제도이다.

임의후견 절차는 ① 후견계약의 작성 → ② 공증 → ③ 후견계약등기 → ④ 후견감독인 선임신청 → ⑤ 후견감독인 선임결정 → ⑥ 후견개시의 순으로 진행된다.

부가적인 계약

표준후견계약서에 없는 내용 중 다음 사항을 추가할 수 있다. 후견계약자의 생활 상태와 건강 상태를 정기적으로 만나서 살펴드리는 정기적 면담계약, 후견계약자의 생활환경, 요양보호 및 재산관리에 관한 사무를 위임하는 임의대리계약, 유언서의 내용과 저촉되지 않는 범위 내에서 후견계약자 사후에 사망사실을 누구에게 알리고, 장례식은 어떻게 치르며, 유산 분배는 어떻게 하라는 등의 사후사무 위임계약을 추가해도 좋다.

영정사진은 미리 찍어야 하나?

영정사진은 건강할 때 미리 준비

영정사진은 미리 준비하는 것이 좋다. 가족들이 생전의 좋은 모습을 기억할 수 있도록 되도록 밝고 건강한 모습이 담긴 사진이 좋다. 칠순이나 팔순 등 가족기념일에 미리 찍어놓는 것도 좋다. 너무 나이가 들어서 준비하거나 건강을 잃어버린 후에 갑자기 준비하면 보기 좋은 사진이 나오기가 어렵다.

장례식장에서 출력

요즘은 영정사진도 디지털 영상으로 제작하는 경우가 많기 때문에 예전처럼 출력해서 보관할 것이 아니라 휴대폰 속이나 스캔사진의 파일로 보관해도 된다.

　미처 영정사진을 준비하지 못했다면 보관하고 있는 사진 중에서 영정사진으로 쓸 만한 사진을 찾아본다. 있으면 즉석에서 디지털 영상이나 출력한 영정사진을 만들어 준다. 갑작스러운 사고나 질병으로 영정사진을 미처 준비하지 못했을 경우 평상시 고인의 일상생활 사진이나 증명사진으로 대체해도 된다.

영상편지의 제작

지인들이나 사회에 남기고 싶은 말이 있으면 영상편지로 제작하여 장례식장에서 영정사진과 함께 틀어주어도 좋다. 가족에게 남기고 싶은 이야기들도 영상편지로 남기면 명절이나 제사 때 가족들이 모여서 함께 보며 고인을 추모할 수 있다.

영정사진의 보관

장례를 모두 마치고 영정사진의 리본을 제거하고 보관한다. 제사 또는 추모 시 꺼내서 사용하거나 거실이나 서재 등에 걸어두어도 된다. 과거에는 고인의 유품을 정리하고 착용했던 상복과 장례 용품 등과 함께 소각하기도 하였으나 반드시 소각할 필요는 없다.

Question 05

자식도 친척도 없다면 내 장례는 누가 해주나?

무연고 시신의 처리는 지자체에서 처리

보건복지부 통계에 따르면 2012년 1,025명이던 무연고 사망자는 2021년 3,488명으로, 지난 10년 동안 매년 꾸준히 증가하여 합계 2만 906명이 무연고로 처리되었다.

무연고 사망자란 연고자가 없거나 연고자를 알 수 없는 경우를 말한다. 연고자가 있어도 시신의 수령을 거부한 경우에는 무연고 시신으로 처리된다. 가족이 있어도 외국에 살고 있거나 관계가 소원하여 시신을 인수할 수 없는 경우도 있다. 유족이 없거나 무연고 시신 등의 처리는 「장사 등에 관한 법률」 제12조(무연고 시신 등의 처리), 보건복지부의 「장사업무 매뉴얼」 등에 따라서 지자체에서 처리한다.

상속인 없는 재산의 처리

무연고자의 장례 절차를 제외한 상속재산의 처리 절차와 관련해서는 지자체장이나 시설장에게 권한을 부여하거나 특별히 그 절차를 간소화 하는 규정도 없기 때문에 무연고자가 남긴 임대차보증금이나 통장예금, 자동차, 생활가전 등의 유품처리는 개인의 재산권에 관한 민사상의 일로서 민법의 규정에 따를 수밖에 없다.

민법상의 상속인이 없는 재산의 처리절차는 「민법」 제1053조(상속인 없는 재산의 관리인)의 규정에 따라서 가정법원에서 상속재산관리인을 선임하여 유족수색, 재산목록 작성, 채권자에 대한 변제, 특별연고자에 대한 분여 등의 절차를 거쳐 상속재산을 관리하고 잔여 재산은 국고에 귀속하도록 하고 있다. 이 때문에 상속재산 처리에만 평균 3년 3개월 이상 소요된다는 문제점이 있다.

다만, 예외적으로 지자체의 장은 사망자가 유류한 금전 또는 유가증권과 유류품매각대금으로 무연고시신 등의 처리에 따른 비용에 충당할 수 있다. 또한 2021년 12월 21일 개정된 「사회복지사업법」 등의 5개 법률안이 개정되어 사회복지시설 등에서 사망한 사람의 잔여재산이 500만 원 이하인 경우에는 관할 지자체장에게 재산목록을 작성하여 보고하는 것으로 간소화 되었다.

특별연고자에게 지급하고 최종 잔액은 국고에 귀속된다

사망한 사람(피상속인)에게 상속받을 사람이 없고 유언서도 없으면 피상속인이 마지막으로 살고 있던 지역의 관할법원(가정법원)이 상속재산관리인을 선정하여 그 재산을 받을 상속인을 찾는다.

우리 민법에서는 3순위자는 형제·자매, 4순위는 4촌 이내의 방계혈족까지 상속인의 자격이 있다. 예를 들어 위로는 백부, 숙부, 고모, 이모, 외삼촌이 있고, 같은 항렬(行列)로는 형제, 자매, 아래 항렬로는 조카(생질), 증손, 생질, 질녀 등이 모두 대상이 되는데 이 중에서 근친자 순으로 상속을 하고, 같은 순위이면 공동상속을 한다.

그래도 상속인을 찾지 못하면 피상속인과 생계를 같이 했던 특별한 연고가 있었던 사람(특별연고자)을 찾아 이 특별연고자에게 남은 상속재산의 일부 또는 전부를 나누어 줄 수 있다. 다만, 특별연고자의 청구에 대하여 가정법원이 상당하다고 인정한 경우에 한한다.

재산을 기부하려면 유증기부를 한다

상속인이나 특별연고자가 한 명도 없는 경우에는 정산 후 상속재산은 최종적으로는 모두 국고에 귀속된다. 하지만 생전에 신세를 진 사람 등에게 재산을 물려주고 싶다면 유증(유언서로 재산을 물려주는 것)으로 재산을 물려줄 수 있다. 또한 재산의 일부를 기증하는 '유증기부'를 검토하는 것도 좋다.

유증기부는 유언서에 따라서 자신의 재산 일부 또는 전부를 기부하는 것을 말한다. 일정금액 이상의 기부금품 모집은 「기부금품의 모집 및 사용에 관한 법률」에 따라서 관계기관에 등록을 하여야 하고 모집목적 외의 용도로 사용할 수 없도록 하고 있기 때문에 자신이 원하는 용도의 목적에 맞는 단체를 찾아서 지정기부를 하는 방법도 있다. 기부금 모집단체로는 공익법인이나 NPO법인, 학교법인, 국립대학법인, 기타단체 등이 있다.

Question 06
일본에는 사후 처리 전문 회사도 있다는데?

일본의 LISS시스템

우리나라에는 아직도 사후사무 위임계약이 낯설지만, 일본에서는 약 10년 전부터 사후사무위임계약을 전문으로 하는 'LISS시스템'이라는 단체가 있다. 이 단체는 의뢰자와의 생전계약으로 사후 처리 위임사무를 실행하는데, 장례, 상속, 사후 정리, 유품 정리 등을 진행할 수 있다. 이러한 방식의 사후 처리가 LISS시스템을 통해서 실제로 이루어지고 있다.

LISS시스템에서는 생전에 생전사무위임계약과 사후사무위임계약을 공증인사무소에서 공정증서로 작성하고, 위탁자가 제공한 계약금은 제3의 기관인 '일본생전계약등 결제기구'에 맡겨놓고 사후사무의 수행을 확인하고 나서 자금을 집행한다.

사후 처리 위임의 계약 내용

LISS시스템에서는 사후 처리 위임사무를 '기본형 사후사무'와 '자유선택형 사후사무'로 구분한다. '기본형 사후사무'는 사람이 죽으면 반드시 치러야만 하는 병원에서의 시신 이송이나 화장 같은 최소한의 '장례'를 의미한다. 이것을 제외하고는 모두 옵션이고 안 해도 된다.

자유선택형 사무는 예를 들어 '장례식에는 친구·지인을 부르고 꽃으로 장식한 제단에서 보내달라', '살던 아파트의 뒤처리를 해달라' 등 스스로의 라이프 스타일이나 가치관, 사생관 등에 따라 자신이 필요한 사항을 정해 선택할 수 있다.

기본형 사후사무
(사람이 죽으면 꼭 필요한 것)
화장+납골+장례

+

자유선택형 사후사무
(라이프 스타일이나 가치관에 따라 자유롭게 추가할 수 있음)

① 격식을 갖춘 사람다운 장례
② 전기, 수도, 가스 등의 요금 지급 및 해지 절차
③ 살던 장소의 정리, 임대주택의 정리 및 반환사무, 동거인의 대체주택 지원
④ 보험·연금 등의 제반 절차
⑤ 신용카드 등 각종 카드류 해지, 반환절차
⑥ 개인정보(PC, 휴대전화 등)의 소거, 파기
⑥ 반려동물 등 고인이 애용하던 물건이나 정보의 처분
⑦ 제사재산의 처리(무덤, 불단 관리 및 처분 등도 포함)
⑧ 사후에도 신세를 진 사람에 대한 축하 또는 부의금을 대리로 전달
⑨ 기타

Question 07

나의 사후 처리는 누구에게 부탁하나?

사후 처리는 가까운 사람이나 전문가에게 위탁한다

사후 처리를 믿고 부탁할 만한 가족이나 친척이 있는 경우는 임의후견인을 선임하면 된다. 임의후견제도는 강행규정이기 때문에 공정증서로 작성해야 하고 법원에 임의후견인 선임등기를 해야 하는 번거로움이 따른다.

가족이 없거나 가족이 있어도 고령의 병약자일 경우, 가족과의 관계가 좋지 않을 경우, 자식이 있어도 의지하기 싫은 경우에는 신뢰할 수 있는 단체나 지인에게 자신의 장례 등을 특별히 부탁하고 싶은 때가 있다. 사후 처리를 부탁하기 위해서는 생전에 '사후사무 위임계약'을 체결하여

사후 처리를 위탁하면 된다.

사후사무 위임계약은 의뢰자 본인의 위임에 따라서 사후사무를 진행시킬 수 있어 가족 및 주위 사람에게 금전적, 정신적 부담과 번거로움을 주지 않을 수 있으며, 믿을 만한 지인이나 관련 단체 또는 전문 업체, 상속 절차에 정통한 변호사 등의 전문가와 계약을 체결하는 것이 좋다.

사후사무 위임계약이란

사후사무 위임계약이란 사후 위임 내용에 따라서 사망 사실을 알려야 할 대상, 장례와 시신처리, 사망신고와 공과금, 유품의 처리, 스마트폰이나 PC데이터, SNS 계정 등 디지털 유품 처리까지 위임계약을 체결해두면, 나의 사후에 위임계약사항을 이행하는 계약이다.

사후사무 위임계약은 민법상의 위임계약(「민법」 제680조 내지 제692조)이다. 위임계약은 당사자 한 쪽의 사망이나 파산으로 종료되는 것이지만(「민법」 제690조), 이 조항은 강행규정이 아니므로 당사자 간의 특약으로 사후 처리 종료 시까지 존속하도록 특약을 하면 사후사무의 처리를 수행할 수 있다.

사후사무 위임계약을 별도로 체결하거나, 평소에 기록해 둔 희망노트에 사후사무의 실행을 포괄적으로 위임하는 방법으로 당사자들 간에 자유롭게 체결할 수 있다. 다만, 수임인과 상속인이 다른 경우에는 다른 상속인의 유류분이 침해되지 않도록 사전에 충분한 논의를 거쳐 진행시켜야 한다.

계약자와는 정기적인 연락과 면담을 통해 건강상태나 생활상의 변화를 파악하고 비상시에 신속하게 대응할 수 있도록 해야 한다. 필연적 1인 가구의 증가와 개인화 등에 따라 '사후사무 위임계약'이나 '보건의료 대리인' 등의 새로운 형태의 개인책임 관련 계약이 증가할 것으로 보인다.

믿을 수 있는 사람에게 사후사무 위임계약을 맺어둔다

무연고 가구 중 사후 절차를 돌보아 줄 가족이 없는 경우에는 사후의 다양한 절차를 대신해줄 사람이 필요하게 된다. 시신의 인수와 화장, 납골의 수배뿐만 아니라, 요양원이나 병원의 비용 정산, 사망신고나 공과금 납부 등의 많은 사후사무가 있는데, 일반적으로는 가까운 친족이 이러한 절차를 진행한다.

고령사회가 진행됨에 따라 자녀 없는 부부나 평생 독신자도 많아지면서, 혼자 사는 고령자가 늘고 있다. 나의 장례, 무덤, 상속, 유품 정리 등 사후사무 절차 일체를 친척이나 친구 등의 제3자에게 대행시킬 수 있다. 무연고 시신이 되어 지자체에서 처리해 주기보다는 그래도 아는 사람에게 나를 화장해서 산골 해 달라는 등 사후에 대한 희망이나 부탁을 할 수도 있다. 이러한 계약을 '사후사무 위임계약'이라고 하는데 자신이 살아 있는 동안에 미리 사후사무 위임계약을 맺어두면 자신의 사후 처리를 안심할 수 있다.

계약 내용에 따라서는 원하는 장례 준비뿐만 아니라, 앞서 언급한 바와 같이 자신의 사후 절차도 수행할 수 있다. 그 밖에도 사망 시 친인척과 지인에 대한 연락, 장례, 산골, 임대차 해지, 주택 및 재산의 처분, 유품 정리, 반려동물의 처리, 이메일 주소나 SNS 계정의 정지 등 다양한 업무를 위임할 수 있다. 다만, 위임하는 내용이 늘어날수록 그만큼 보수도 늘어나므로 계약 내용을 잘 상담해서 계약을 맺어둔다.

사후사무 위임계약을 맺는 상대방에 특별한 자격은 없다. 따라서 자신의 사후에 확실하게 약속을 지켜줄 수 있는 믿을 수 있는 사람에게 사후 사무를 의뢰하는 것이 중요하다. 사후를 부탁할 만한 사람이 없는 경우에는 상속인 이외의 친족이나 친구, 또는 사후사무를 전문으로 대행해주는 변호사나 전문 업체의 전문가에게 의뢰하는 방법도 있다.

사후 절차 중에는 원칙적으로 친족이나 동거인이 아니면 할 수 없는 것도 있다. 따라서 관공서의 창구 등에서는 사후사무 위임계약을 체결하고 있는 증명을 요구하는 경우도 있다. 구두 약속 만으로는 이를 증명하기 어려우므로 제대로 공정증서로 만들어 두면 좋다.

사후사무 위임계약의 내용 예

• 시신 인수	• 장례식, 화장, 납골 또는 산골
• 가족·친척, 관계자 사망 연락	• 사망신고, 주민등록표 정리
• 공적연금 등 자격말소 절차	• 운전면허증, 건강보험증 등 말소
• 생명보험, 건강보험 절차	• 임대주택 퇴거 및 명도
• 자택 매각	• 유품 정리
• 퇴원·퇴소비용 정산	• 공공요금 해지
• SNS 계정, 이메일 폐쇄	• 사무 처리 후 정산-지정인에게 보고

※ 믿을 만한 사람이 없는 경우 이를 대행해주는 비영리 기관단체나 성년후견제도를 이용

은행의 유언대용신탁을 이용

○○은행은 2022년 생전에 본인이 장묘 비용을 준비해서 자녀 세대의 부담을 줄여줄 수 있는 '봉안플랜신탁' 상품을 출시했다. 이 상품은 가입자 본인 또는 가족이 사망할 경우 ○○공원에 장지 비용이 지급되고, 남은 금액은 법정 상속되는 구조이다. 또 ○○공원 봉안당 시설을 이용할 경우 20% 할인, ○○공원 상조상품을 이용할 경우 20% 할인, 상속·증여·후견 컨설팅 서비스 제공 등 혜택을 받을 수 있다.

이 상품은 초고령사회에 대응하여 개발되었는데, 앞으로 다른 은행이나 투자신탁회사에서도 이와 유사한 신탁상품이 출시될 것을 기대한다.

Question 08

반려동물에게도 재산을 물려줄 수 있나?

반려동물 인구 1500만 시대

1인 세대가 늘어남에 따라서 반려동물과 함께 사는 가구도 늘어나게 되었다. 지금은 반려동물 부양인구 1500만 시대이고 반려동물도 가족과 같은 존재가 되었다. 반려동물은 민법상 물건이지만 가족처럼 대우 받는 세상이 되었다. 최근에는 반려동물 장례지도사까지 새로운 직업으로 등장했다.

혼자 살고 있는 1인 가구에게는 반려견과 반려묘가 유일한 가족인데, 만일 자신이 갑자기 아프거나 세상을 떠나면 누가 이 반려동물을 돌보아줄지 걱정이다.

재산을 물려주려면 펫(Pet)신탁을 이용한다

반려동물에게 재산을 물려줄 수 없는 허점을 이용해서 만든 것이 바로 '펫신탁'이다. 이 펫신탁을 이용하면 반려동물에게도 재산을 물려준 것과 비슷한 효과를 볼 수 있다. 현재 ○○은행과 ○○증권 등에서 펫신탁을 취급하고 있는데 위탁자는 생전은 물론, 사후에도 반려동물을 돌보아줄 수 있도록 고안된 것이다.

펫신탁의 경우는 신탁계약을 통해 사전에 믿을 만한 사람을 지정해 둔다. 그런 뒤 자신의 건강이 악화되거나 의사능력이 제한적인 때가 되었을 때 지정된 사람이 입양기관을 통해 반려동물의 새로운 주인을 찾도록 설계하고 계획한 대로 돌봐줄 수 있게 한다. 반려동물을 돌봐줄 사람을 미리 정해 함께 시간을 갖게 한 뒤, 건강 악화 등 일정한 때가 되면 미리 계획한 대로 새 주인이 돌봐줄 수 있도록 할 수도 있다.

신탁계약을 통한 반려동물 돌봄계약에 따라서 수탁자(은행)가 새 주인에게 월 50만 원씩 지급하고, 반려동물이 치료비 100만 원 이상의 병을 진단받을 경우에는 수탁자(은행)가 동물병원에 직접 치료비를 지급하도록 할 수도 있다.

본인의 사후에는 본인의 뜻에 따라 1억 원은 반려동물 관리 전문 업체에게 지급해 새 주인이 반려동물의 관리를 지속적으로 할 수 있도록 설계한다. 일정 금액은 새 주인에게 상속으로 이전하도록 하되, 매월 반려동물의 생활비로 쓰고 남을 정도의 금액을 지급하며, 70% 이상 반려동물을 위해 사용한 영수증을 제시하도록 할 수 있다. 만약 반려동물이 사망하게 되면 남은 잔여 재산의 상당 부분은 유기견 보호단체에 기부하도록 해, 새 주인이 성심성의껏 반려동물을 돌봐 주도록 할 수 있다.

부담부 사인증여

우리 민법에서는 반려동물에게 직접 재산을 남기는 것은 불가능하다. 하지만 사후사무 위임계약으로 반려동물 사육을 포함하거나 '부담부유증'을 한 경우 반려동물 사육을 맡길 수 있다.

부담부유증은 유언서에 따라 반려동물을 사육하는 것을 조건으로 돌보고 있는 사람에게 유산을 양도하는 방법이다. 다만, 부담부 유증은 단독행위이기 때문에 수취인 측이 유증을 거부(상속포기)할 수 있다. 그런 점에서 '부담부 사인증여'가 확실하다. 부담부 사인증여는 자기가 살아있는 동안에는 본인이 보호하지만, 본인 사망 후에는 반려동물을 인도해 주면서 반려동물의 생존에 필요한 비용을 자신이 부담한다는 부담부 사인증여가 가능할 것이다. 부담부 사인증여는 쌍방 간의 계약이기 때문에 일방적으로 계약을 해지할 수 없다.

나의 일생을 정리하여 출생과 가족, 직장 생활, 가족생활, 노후주거,
연명 치료, 희망하는 장례, 유품 정리, 상속과 후견에 관한
자신의 희망을 기록으로 남기는 것이 '희망노트(Life Note)'이다.

제3편

희망노트와 희망보자기

Question 01
희망노트란 무엇인가?

자신의 희망 사항을 적은 노트이다

희망노트란 말 그대로 인생의 종말을 앞두고 자신의 희망 사항을 적어놓은 노트를 말한다. 일본에서는 종활(終活)의 일환으로 엔딩노트(Ending Note)라고 한다. 만일을 대비하여 가족이나 친구에게 전해두고 싶은 것이나 자신의 희망 등을 적어 두는 것이다.

희망노트는 유족이나 주변의 가까운 사람들이 곤란하지 않도록, 병이나 불의의 사고를 당했을 때의 연명 조치에 대해서나 간호, 장례·장례식, 무덤, 반려동물 등 다양한 내용을 적어 둘 수 있다.

나의 일생을 정리하여 출생과 가족, 직장 생활, 가족생활, 노후 주거, 질병 관리, 연명 치료, 희망하는 장례, 유품 정리, 상속과 후견에 관한 평소의 생각을 기록으로 남기는 것이 '희망노트(Life Note)'이다.

유언장과는 희망노트는 어떻게 다른가

유언(遺言)은 죽음에 임박하여 남기는 말이기 때문에 유언장에 쓸 수 있는 것은 사후에 관한 것일 뿐이며, 범위도 유산상속이나 자녀인지 등 법정유언사항이 엄격하게 정해져 있고, 대부분 사후에 효력을 발휘한다.

유언장이나 희망노트 모두 유산상속 등에 대해서 쓸 수 있지만, 희망노트에 적어두는 것은 일종의 협의분할 지침서 같은 역할을 한다.

희망노트는 꼭 죽음에 임박해서 쓸 필요가 없다. 올바른 정신 상태에서 자신의 일생을 돌아보고 자신의 희망 사항을 적어두는 것이다. 예를 들어 본인이 정신적인 혼미상태, 연명 치료, 가족 간호, 시신 기증 등의 가족들의 판단을 도와주기 때문에 생전에 더 효과적이다.

희망노트는 업데이트가 필수적이다

희망노트는 법적인 요건이 없고 자유롭게 몇 번이고 다시 쓸 수도 있다. 기입하기 쉬운 전용 노트를 이용할 수도 있지만, 일반 노트나 편지 형식으로도 가능하다. 희망노트는 자신의 희망 사항이기 때문에 법적관계가 아닌 가족 간의 문제 해결에는 오히려 유언장보다 더 큰 효력을 발휘할 수도 있다.

희망노트는 냉정한 정신 상태에서 써야 한다. 하지만 나이가 듦에 따라 건강 상태가 달라지면서 희망 사항이 달라질 수 있기 때문에, 몇 년 주기로 다시 살펴보고 업데이트하는 것이 중요하다.

Question 02

희망노트를 준비하면 무엇이 좋은가?

가족들이 당황하지 않는다

만일 내가 판단력이 흐려졌을 때 누가 나를 대신할 것인지, 내가 만일 회복 불가능한 질병에 걸렸을 때 연명 치료는 어떻게 할 것인지, 내 사후의 장례는 어떻게 하고, 재산은 누구에게 남겨줄 것인지를 평소에 차근차근 준비해 두는 것이 좋다.

자기의 일생의 기록을 자기 혼자만 알고 있으면 소용이 없다. 평소에 자신의 생각을 잘 정리한 '희망노트'를 가족과 공유해야 남아 있는 가족들이 당황하지 않게 된다.

건강관리와 병원 정보를 알 수 있다

만일 병에 걸렸을 때 지병이나 알레르기, 건강상의 주의점, 평소 복용하고 있는 약, 병원과 주치의 등 정보를 즉시 파악하여 적절한 의료를 더 빨리 받을 수 있다. 또한 병명이나 여명(餘命 : 죽음에 이르기까지의 남은 기간)의 알림, 연명 조치 등 제3자가 어떤 판단을 내려야 할 때 자신의 희망을 남겨두는 것으로 판단해 망설임이 없어진다.

만일의 경우에 판단이 빠르다

만일의 경우 판단해야 할 행동에 있어 곤란한 일이 없어진다. 만약의 사태가 생겼을 때 노후 정리로 자기 자신의 희망을 남겨둠으로써 가족들이 쓸데없는 판단으로 망설이는 일이 없어진다.

예컨대 병에 걸렸을 때는 어느 병원에 가야 하는지, 사망에 이르면 어느 장례식장이나 상조회사로 가면 되는지, 치료비는 어떻게 하는지 의료나 장례, 상속에서 부담을 크게 줄일 수 있다. 이처럼 희망노트를 준비해 두면 남겨진 사람들을 위해서도 많은 이점이 있다.

장례나 추모식을 안심하고 거행할 수 있다

죽은 사람의 장례나 추모식은 신중할 수밖에 없다. 자식들은 어떤 형태를 취해야 할지 우왕좌왕 할 수밖에 없다. 이 때 자신이 어떤 형식을 원하는지, 어떤 종교의식이 좋은지, 어느 곳의 어떤 무덤에 안장을 원하는지, 어떤 방식의 추모식을 원하는지 등 미리 희망과 정보를 남겨두면 장례와 제례를 원활하게 치를 수 있을 뿐 아니라 심리적 부담도 줄어든다.

재산조사의 수고를 덜고 상속다툼을 예방한다

자신이 어떤 재산을 가지고 있는지 재산목록을 남겨두면 유산 분할 협의가 쉬워지고 상속 다툼을 피할 수 있다. 다른 형제는 알고 나만 모르는 재산이 있지는 않을까? 내 몫이 적어지는 것은 아닐까? 이런 의심에서 상속다툼이 생긴다. 따라서 재산 정보를 미리 오픈해 두는 것도 좋다. 가족 형제간 많은 다툼이 대부분 상속 문제이다. 살아생전에 재산을 정리함으로써 불화가 줄어든다.

유품 정리의 시간을 절약한다

유품에 대하여 보존품과 처리품 등 대략적인 정리를 해 둠으로써 남겨진 사람들의 유품 정리에 소요되는 시간과 수고를 줄여준다.

Question

희망노트는 어떤 방법으로 만들어야 하나?

남은 인생의 지침서가 되도록 한다

어느 날 갑자기 치매나 노화, 질병 등으로 판단능력이 흐려지는 것에 대비하여 온전한 정신능력이 있을 때에 자신의 희망 사항을 문서로 만들어 두면 만일의 사태가 발생했을 때 가족들이 당황하지 않게 된다. 사후의 희망 사항을 가족이나 자손들이 알 수 있도록 정보를 공유하기 위해서 희망노트를 만들어 두는 것이다.

희망노트는 자손들에게 교육적인 의미도 크다. 요즘처럼 가족 간의 대화가 적은 시대에는 가족 교육을 할 기회가 없다. 조상 대대로의 집안 내력, 가족의 출생과 성장 과정, 학생 시절과 직업 생활, 혼인 생활과 가족생활 등 자신과 가족이 함께 걸어온 과정과 나의 생애를 총 정리해서 후세에 전하는 목적도 있다.

또한 만일의 사태에 대비해서 노후의 주거 생활, 연명 치료 거부, 사후 준비에 이르기까지 희망노트를 만드는 과정에서 노후를 정리하고 남은 인생을 살아가는데 나침반 같은 역할을 하기도 한다.

희망노트는 언제 만들어야 하나

희망노트는 젊은 시절에 급히 만들 필요는 없다. 하지만 언젠가 닥칠 수도 있는 만일의 사태에 대비하는 의미도 있기 때문에 육체가 건강하고 정신능력이 온전할 때 작성하는 것이 좋다.

노후 정리는 그 시기에 따라서 노전 정리(老前整理), 노후 정리(老後整理), 유품 정리(遺品整理)로 나누어 볼 수 있다. 노전 정리는 자신이 늙기 전에 미리 하는 것이다. 노전 정리를 함으로써 노후 생활의 지침서 역할을 할 수 있다. 노후 정리는 자신이 죽기 전에 죽음을 염두에 두고 정리를 하는 것이다. 노후 정리를 함으로서 남은 인생을 편안하게 보낼 수 있다. 유품 정리는 자신의 사후에 유족들 의해서 이루어지는 것이다.

노후 정리를 해두면 유족들의 유품 정리도 한결 쉬워진다. 아직은 유품 정리가 대부분이지만, 앞으로는 노전 정리나 노후 정리를 하는 사람이 늘어날 것으로 보인다. 희망노트는 자손에게 물려주는 것보다도 자신을 삶을 정리하는 의미도 있기 때문에 적어도 70대가 되면 한 번 작성해 보는 것이 좋다. 그 이후에도 자신의 생각이 바뀔 수가 있기 때문에 5년 또는 10년 주기로 가끔 업데이트를 해 줄 필요가 있다.

희망노트가 유언장을 대신할 수 있나

희망노트에 상속재산의 처분에 대한 내용을 적어 두면 비록 법적인 강제력은 없다고 하더라도 유족들이 자신의 의지를 받아들인다면 유언장보다도 더 효과적일 수도 있다.

그러나 가족관계가 복잡하고 상속인들이 다수이거나, 상속재산이 거액이거나, 법정 상속인 이외의 사람에게 유증을 하는 경우, 또는 특별기여자(마지막에 간병을 한 며느리 등)에 대한 유증을 하는 경우에는 희망노트를 그대로 따르지 않을 가능성이 있다.

유산의 상속·유증을 꼭 자신이 원하는 대로 하고 싶다면 희망노트와는 별개로 민법이 정한 유언의 방식과 요건(「민법」 제1066조 내지 1070조)을 갖추어서 별도의 유언장을 남기는 것이 중요하다.

연명 치료나 장기기증을 적어두면 법적 효력이 있나

연명 치료나 존엄사, 호스피스 등은 「호스피스·완화의료 및 임종과정에 있는 환자의 연명의료 결정에 관한 법률」이 정한 요건을 갖추어서 관계 기관에 사전등록을 해야 한다. 장기기증에 관해서도 「장기 등 이식에 관한 법률」에 따른 사전등록이 필수적인 요건이다.

하지만 희망노트에 남긴 자신의 의견이 비록 법적 구속력이 없다고 하더라도 유사시에 가족들이 자신의 의견을 존중해 줄 것을 믿고 미리 작성해두는 것이 좋다.

Question 04

희망노트(Life Note)는 어떻게 작성하나?

희망노트를 만드는 방법

일본에서는 엔딩노트라고도 하는데, 여기서는 자신의 생전과 사후의 희망을 정리하는 노트라는 의미에서 '희망노트'라고 칭한다. 국내에도 엔딩노트 관련 서적과 양식이 10여 가지 소개되어 있다. 이 책의 권중 부록으로 탑재한 '희망노트'와 '희망보자기'는 필요한 사람은 누구든지 다운받을 수 있도록 파일을 공개하였다. 작성 방법은 아래를 참고해서 자신의 상황에 맞도록 고쳐서 쓰면 된다.

첫째는 자기 역사와 가족사를 쓴다. 자신의 출생과 신원에 대한 '기본적인 정보'를 정리하여 둔다. 특히 직계조상의 내력, 자신과 부모님의 계보를 정리한다. 자신의 성명, 생년월일, 주민등록번호, 혈액형은 반드시 적어두어야 한다. 갑자기 병원에 입원하거나 보호시설에 입주하게 된 때에는 가족이 대신하여 신청서와 계약서를 쓰기 때문에 내 정보가 하나로 정리되어 있으면 편리하다.

둘째는 주거와 의료·간병에 대하여 적어둔다. 노후에 주거할 주거시설과 갑자기 찾아오는 건강 악화에 대한 희망을 적어둔다. 치매나 뇌졸중, 장기치료를 요하는 질병이나 종말기의 의료 또는 간병에 대한 희망이 중심이 된다. 치료 받고 있는 병의원과 주치의, 먹고 있는 약, 치료의 주의 사항을 적어두면 만일의 경우에 도움이 된다.

셋째는 자신의 장례에 관한 희망 사항을 적어둔다. 임종과 장례, 납골 방법, 제사 등에 관한 희망 사항을 적어둔다.

넷째는 자신의 재산에 대해 적어둔다. 부동산, 동산, 연금자산, 금융 자산, 보험자산, 차입금, 공공요금 등의 정보를 정리한다. 대출금이 있거나 차입금이나 대출 상환이 남아있는 경우도 빠짐없이 적어 둔다. 사후에 잔존배우자의 주거에 관한 사항, 상속을 포함한 재산의 처리 방법과 유언서의 유무, 유품의 정리방법, 반려동물의 처리 방법을 적어두는 것도 중요하다.

다섯째, 자신의 생애를 총정리 하는 관점에서 자손들에게 남기고 싶은 말을 전해둔다.

희망노트의 내용

자신과 가족에 대해	• 성명, 생년월일, 출생, 집안 내력에 관한 사항 • 부부 생활, 가족기념일, 주거지 등 가족생활 • 초, 중, 고, 대학, 군대 등 성장 과정 • 취업, 승진, 이동 등 직업 생활
건강과 노후 생활에 대해	• 병원, 병명, 복약 등 건강 정보 • 노후의 주거, 간병과 요양 • 사전의료 의향에 관한 희망 • 사전장례 의향에 관한 의향
상속과 유언에 대해	• 유언의 존재와 보관 장소 • 부동산, 동산, 금융자산 등 상속재산 목록 • 무형 자산, 디지털 자산의 처리 방법

	• 유품과 반려동물 처리 방법
	• 후견인과 긴급연락처 등
생애의 총정리	• 남아 있는 가족들에게 남기는 말씀

Question **05**

희망보자기는 어떻게 작성하나?

희망보자기(유품리스트)란

희망보자기는 한마디로 유품리스트이다. 조상으로부터 물려받은 물건을 대물림 하거나, 귀중한 물건이라 다른 사람에게 팔아서도 안 되는 물건, 나의 소장품이나 애장품들, 내가 평소에 사용하던 물건들, 그냥 버리기는 아까운 물건들을 한군데 모아두는 것이다.

보자기는 복을 싸둔다는 뜻으로 쓰였다고도 한다(위키백과). 특히 혼례에 쓰이는 수보(繡褓: 수를 놓아 중요한 물건을 싸는 네모난 보자기)에는 복락기원을 상징하는 문양을 새겨 전해주어, 단순히 물건을 싸는 도구가 아닌 타자와의 소통 도구로서 내면의 마음을 싸는 도구로 쓰였다. 내가 남겨주고 가는 선물꾸러미 같은 의미이다.

내가 이 물건들을 가지고 갈 수는 없어서 세상에 두고 가지만, 누군가에게는 소중한 물건이 되고, 누군가에게는 좋은 추억이 되고, 누군가에게는 중요한 연구 자료가 될 수도 있다. 일본의 카타미와케(形見分け, 고인

이 애용하던 추억의 물건들을 가족이나 특별한 친분이 있던 친지들 간에 나누어 갖는 것)처럼 사후에 가까운 가족이나 친척, 친지들이 추억의 물건 나누기를 함께 하기를 기대하며 평소에 사용하던 물건들을 희망보자기에 고이 싸서 소중한 사람들을 위해 남겨둔다.

유품으로 남길 것은 목록을 만들어 희망보자기 속으로

유품은 어떤 생각으로 남겼는지 돌아가신 분의 생각을 알 수 없기에, 유품을 정리하여 목록을 남기는 것만으로도 가족들의 부담은 줄어든다. 폐기 또는 처분에 따른 망설임을 줄여주기 때문이다. 그래서 무엇을 남기고 무엇을 처분할 것인지를 결정하는 것이 중요하다.

물건을 정리하는 과정에서 자신의 과거와 미래, 현재의 자신을 돌아보는 기회가 된다. 그런 마음과 생각 등 전하고 싶은 것들을 정리하여 유품리스트를 희망보자기 속에 정리해 둔다.

희망보자기의 형태

희망보자기의 장소가 반드시 보자기일 필요는 없다. 즐겨 쓰던 가방이 될수도 있고, 책상서랍이나 캐비넷이 될 수도 있다. 직업이 학자라면 서재나 책꽂이가 될 수도 있다. 예술가라면 화실(畵室)이 될 수도 있다. 필요에 따라서는 창고 같은 별실에 둘 수도 있다. 자신의 애장품에 따라서 적당한 크기와 장소를 정하여 한 곳으로 모아두면 유품 정리가 훨씬 수월하게 마무리 된다. 단지 목록만을 만들고 장소를 적어두어도 된다.

상속재산으로서의 동산과 다른 점은 상속재산은 재산가치를 중시하기 때문에 언젠가는 팔아서 현금화 하는 것이 목표다. 희망보자기에 들어가는 물건들은 재산가치보다는 보관가치나 추억을 중시하기 때문에 파는 물건이 아니라 보관하는 물건이다.

희망보자기의 정리

희망보자기를 만들 때는 누구를 생각하면서 모아둔 것인지 목록에 적어두면 좋다. 보자기 내의 물건들을 처리할 사람은 대체로 가족이 될 것이므로 가족의 판단에 맡기면 된다. 가족 행사나 기일 등 가족이 모인 자리에서 각자의 추억에 따라서 골고루 나누어 가지는 것도 좋다. 희망보자기 속의 물건들은 다음의 방법으로 처리하면 좋다.

① 조상으로부터 받은 물건과 사진, 사진첩 등은 자녀에게

② 몸에 지니고 다니던, 반지, 목걸이, 시계, 선글라스, 라이터, 파이프, 도장 등은 자녀에게

③ 성경이나, 불경, 묵주, 염주, 목탁 등 종교적인 신표들은 종교적인 인연이 닿는 사람에게

④ 직장의 초창기 자료, 도장, 주판, 계산기, 명패 등 직장의 귀중한 자료는 직장 후배에게

⑤ 전공서적이나 아끼던 책, 원고는 제자들에게

⑥ 기타 재활용 가능한 물건들은 굿윌스토어(Good Will Store)와 같은 자선단체에 기부하여 좋은 곳에 쓰이도록 한다.

희망노트(Life Note)

사진

나의 생애를 총 정리한 희망노트이다.

사랑하는 나의 가족과 후손들에게
나의 전반적인 생애의 기록을 전해주어 기억하게 하고자 한다.

또한 나의 생각을 확인할 수 없는 상황이 오거나 나의 판단이 흐려지게 되면
이 희망노트를 읽고 그대로 따라주길 바란다.

작성일자	2023년 월 일	
작성자		(인)
보관자	(확인)	

희망노트 활용방법
이 희망노트는 공개자료이다. 누구든지 다운로드 받아서 활용할 수 있다. 최대한 상세하게 만들었으므로 필요 없거나 추가 사항은 가감하여 사용하면 된다.

※ **글로벌콘텐츠 홈페이지 자료실**(www.gcbook.co.kr)에서 다운로드 가능

기본정보 / 신분정보 / 출생정보

1. 기본정보

성 명		성별		본관	
다른 이름		호		주민등록번호	
생년월일(사주)					
전화번호		E-mail			
등록기준지					
현주소					

2. 자격·면허정보

	번호	성명	발행일자	기간만료일	발급기관
주민등록증					
여권					
운전면허증					
건강보험증					
연금증서					

3. 출생정보

아버님	성함			주민등록번호	
	부모님	조부		조모	
	출생				
	사망				
	묘소				
어머님	성함			주민등록번호	
	부모님	외조부		외조모	
	출생				
	사망				
	묘소				
메모					

4. 출생과 이름의 유래

내 출생의 유래

내 이름의 유래(아명, 호 등)

1. 직계가족

배우자	부모님	장인 또는 시아버님		장모 또는 시어머님	
	성명			본관	
	다른 이름			주민등록 번호	
	출생일시				
	사주				
	출생지				
메모		1981년 ○월 ○○일 ○○○와 혼인			

아 들	성명			주민등록 번호	
	부모	부		모	
	출생일시				
	사주				
	출생지				
메모		2014년 ○○월 ○○일 ○○○과 혼인			

며 느 리	성명			주민등록 번호	
	부모	부		모	
	출생일시				
	사주				
	출생지				
메모		2014년 ○○월 ○○일 ○○○과 혼인			

			주민등록번호	
손자·손녀	성명			
	부모	부	모	
	출생일시			
	사주			
	출생지			

집안 내력

1. 집안 내력

본관 : ○○김씨

시조 : 김○○(金○○)

○○대 손

2. 가훈(후손에게 남겨주고 싶은 말)

3. 직계조상

시조 : ○○○
1세 : ○○○
2세 : ○○○
　⋮
　⋮
29세 : ○○(○○), ○○(○○), ○○(○○)

30세 : ○○(○○), ○○(○○), ○○(○○)

가족생활

1. 부부 생활

	기간	
	중매자, 소개자	
	맞선장소	
	결혼식	
	결혼예물	
여행	신혼여행	
	결혼00주년	
	부부여행	

2. 가족기념일

관계	성명	실제 생일(음력)	주민번호	출생지
아버님				
어머님				
누님				
본인				
배우자				
동생				
매제				
동생				
제수				
아들				
며느리				
손녀				

3. 이사 다닌 곳(생활 흔적)

결혼 전

기간	지역	주요 사건

결혼 후

기간	지역	주요 사건

1. 초등학교

○○초등학교	19○○년 입학 19○○년 졸업
기억나는 일	
주요사건	

2. 중학교

○○중학교 (제○○회)	19○○년 입학 19○○년 졸업
기억나는 일	
주요사건	

3. 고등학교

○○고등학교 (제○○회)	19○○년 입학 19○○년 졸업
기억나는 일	
주요사건	

4. 대학교

○○대학교	19○○년 입학 19○○년 졸업
기억나는 일	
주요사건	

5. 군대 생활

군복무기록	군번 ; 12345678, 병과 000 입대일자 : 1900.00.00., 전역일자 : 1900.00.00.
훈련병	197○.06.26.~(○○사단 신병교육대)
자대생활	197○.○○.(○○ 사단 ○○부)
주요사건	

직업 생활

1. ○○은행(인생 제1막)

기간	근무처	직위	주요업무	비고(거주지)

2. ○○학교(인생 제2막)

기간	근무처	직위	주요업무	비고(거주지)

3. ○○회사(인생 제3막)

기간	근무처	직위	주요업무	비고(거주지)

건강과 노후 생활

1. 건강관리

키	몸무게	혈액형	기타

치료 중인 병명, 약품		
병명		
병원 이름		
주치의		
복용 중인 약		

과거 앓았던 주요 병명, 병원 이름		
병명		
병원 이름		

2. 노후 주거 생활

- 노후 생활을 보낼 장소(자택, 별장, 가족의 집)가 있다 : 있다(   ), 없다(   )

  ※ 있는 경우 희망 순위 : 자택(①), 별장(②), 가족의 집(②)

- 실버타운(요양원)으로 들어가겠다 : 네(   ),   아니요(   )

  ※ 요양원의 경우 원하는 위치 등(없음,   )

- 양로원으로 들어가겠다 : 네(   ),   아니요(   )

  ※ 양로원의 경우 원하는 위치 등 희망 사항(없음,   )

- 기타 희망 사항을 기록하세요.(가족들에게 위임함)

3. 간병 및 요양

- 간병해 줄 사람이 있다. 네(   ), 아니요(   )
- 간병해 줄 사람은 누구인가? : 이름과 관계(,   )

  (간병이 어려우면 요양보호사를 같이 써달라.)

- 요양 장소를 생각해 두었나요? 네(   ), 아니요(   )
- 요양 장소의 위치·시설명·연락처는?

  (자택에서 가까운 곳, 가족들이 다녀가기 좋은 곳으로 선정)

- 간병(요양) 비용

  은행예금으로 충당(   ), 연금으로 충당(   ), 가족에게 일임(   )

- 가족에게 일임할 경우, 보답의 방법은? (가족과 상의해서 잘 챙겨달라.)
- 기타 희망 사항 (자택에서 돌봄을 원한다. 중병일 경우만 병원으로 해달라.)

4. 의료

시한부 생명

시한부 병명과 고지
 - 시한부 기간·병명 모두 고지를 원하지 않는다 (　　)
 - 병명만을 고지 바란다 (　)
 - 병명, 시한부 기간 모두 고지를 바란다 (　)
 - 가족의 판단에 맡기겠다 (　)

연명의료

사전의료 의향

	연명 치료에 대한 의향		
	회복가능하면 원한다	무조건 원하지 않는다	무조건 원한다
뇌기능의 심각한장애			
질병의 말기			
노령과 관련된 죽음			

무의미한 연명 치료

	연명 치료에 대한 의향		
	원한다	원하지 않는다	회복가능의 경우만
생명유지장치 (산소호흡기, 수혈)			
인위적인 영양공급 (위루관, 비위관 등)			
종말의료 (통증과 고통의 완화)			

존엄사

존엄사(치료가 불가능한 말기 환자가 자신의 의사로 연명 치료를 중단시켜
존엄한 죽음을 맞이하는 것)
원하지 않는다( ), 원한다( ), 가족의 판단에 맡기겠다( )
※ 원한다의 경우 존엄사 선언서의 보관 장소 등( )

장기기증

장기·인체조직기증
희망한다( ), 희망하지 않는다( ), 가족의 판단에 맡기겠다( )
※ 희망하는 경우 등록단체·종류, 등록증 보관장소: 기타( )

5. 장례

사전장례의향서

임 종

- 임종장소 : 병원( ), 자택( ), 요양원( ), 요양병원( )
- 지켜볼 사람 : 배우자( ), 아들가족( ), 형제자매( ), 기타( )
- 임종방식 : 전통방식( ), 종교식( ), 성직자 초청( )

장 례

- 부고
가능한 널리( ), 일가친척과 친지( ), 직장, 동창( ), 알리지 마라( )
- 장례식
성대하게( ), 예법대로( ), 간소하게( ), 가족끼리( ), 필요 없다( )
- 장례형식
전통(유교식)( ), 불교식( ), 기독교식( ), 천주교식( ), 기타( )
- 장일 : 3일장( ), 5일장( ), 날수(기간)에 구애받지 말고 형편대로( )
- 원하는 장법
1) 매장 시 : 선산( ), 공원묘지( ), 가족묘지( ), 가족이 결정( )
2) 화장후 자연장 : 잔디묘( ), 화초묘( ), 수목장( ), 수목장림( ), 산골(유택공원)( )
3) 화장후 봉안시 : 봉안묘(납골묘)( ), 봉안당(납골당)( ), 봉안담( )

- 부의금, 조화

  관례에 따라서(   ), 가급적 제한(   ), 일체 받지 않겠다(   )
- 제단차림 : 꽃장식(   ), 영정(   ), 분향(   ), 절(   ), 기도(   ), 헌화(   ),
- 조문객 접대 : 정성스럽게(   ), 일반격식(   ), 간단한 다과(   ), 제공하지마라(   )
- 수의 : 삼베(고급)(   ). 삼베(저가)(   ), 저마(   ), 즐겨 입던 옷(자연소재:)
- 관 : 화장용 일반관(   ), 화장용 고급관(   ), 매장용 일반(   ), 매장용 고급(   )
- 입관 시 부장품

  넣어 달라(품명 : 성경 등, 보관장소:), 꽃장식(   ), 아무것도 넣지 마라(   )
- 제례(상차림), 삼우제와 49제

  사자밥(   ), 전(   ), 상식(   ), 성복제(   ), 발인제(   ), 노제(   )

  삼우제(   ), 49제(   ), 기제(   )
- 탈상 : 삼우제(   ), 49제(   ), 100일(   ), 소상(   ), 대상(   )

사전준비

- 장례서비스(상조, 회원제, 협동조합 등) 가입(   ), 추후 가입(   ), 미가입(   )

  (회사명: 가입자명: 콜센타: 1577-0000, 담당자   )
- 영정사진 : 준비(   ), 미준비(   ), 보관 장소(칠순 때 찍은 사진)
- 유품 정리 : 희망노트 및 희망보자기에 정리
- 추모시설을 미리 구입해 놓은 경우

  – 명칭, 위치(   ), 연락처(   )
- 기타 희망 사항 (   )

6. 기타 전해두고 싶은 말씀

기타 장례와 관련해서 전해두고 싶은 말씀

- 성대하지는 않더라도 성의 있는 장례식이 되었으면 좋겠다.
- 일가친척, 직계가족 중심으로 일반적인 관례에 따라서 검소하게 진행한다.
- 휴대폰에 있는 전화는 개인은 문자로, 기관별은 대표에게만 연락 바란다.

유언과 상속

※ 이곳에 기입한 경우 법적인 효력이 없는 것일지라도 가급적 그대로 시행해 주기
   바란다(재산상속에 관한 사항은 유언장을 남겨도 좋다).

1. 유언

유언장을 작성해 놓았나? 네( ), 아니요( ) ※ 유언장을 작성해 놓은 경우	
유언장의 종류	자필증서유언장( ), 공정증서유언장( ), 비밀문서유언장( )
보관 장소	
작성일자	

2. 상속재산 목록: 유언장을 작성해 놓지 않은 경우

> ※ 정부24의 안심상속 원스톱서비스(사망자등 재산조회 서비스)를 이용해서 조회하세요.

부동산(토지)

소재지	지목	지번	면적 (㎡)	공시지가 (원)	평가액 (천원)	비고

부동산(건물)

주소	세부주소	종류	면적(㎡)	평가액 (천원)	비고

제부동산(자동차 등)

종 류	소재지 등
자동차	차종( ), 차량번호( ), 열쇠소재지( )
회원권	콘도( ), 골프( ), 별장( )

동산(動産)

재산의 종류	내용 및 보관 장소
귀금속류	
골동품류	
골프, 레저용품	
기타용품	

금융자산

종류	내역
연금	금융감독원의 '내 연금조회' 사이트에서 나의 연금을 조회하여 별지 첨부한다.
금융기관(은행, 제2금융권, 투자증권)	금융결제원의 계좌정보통합관리서비스를 이용하여 은행, 제2금융권, 투자증권사의 모든 계좌정보를 통합 조회하여 첨부한다.
보험회사	생명보험협회와 손해보험협회가 공동운영하는 '숨은 보험금 조회하기' 사이트에서 모든 보험회사의 보험계약내용을 통합 조회하여 첨부한다.
대출금	금융결제원의 계좌정보통합관리서비스를 이용하여 모든 금융기관의 대출금정보를 통합조회하여 첨부한다.
신용카드	금융결제원의 계좌정보통합관리서비스를 이용하여 모든 카드회사의 카드발급정보를 통합조회하여 첨부한다.

미납세금조회	국세의 경우는 '홈택스' 홈페이지에서, 지방세의 경우는 '위택스' 홈페이지에서 미납세액 또는 체납세액을 조회하여 첨부한다.
기타	※ 이와 같이 금융거래내역조회는 인터넷에서 일괄조회가 가능하다. 희망노트를 통해서 불필요한 계좌는 해지하여 단일화 할 필요가 있다.

무형 자산과 디지털 정보

※ 무형 자산은 유튜브, 음반 등 재산가치를 가진 재산을 말하고,
디지털 정보는 PC, 태블릿, 휴대폰, 등에 있는 개인정보를 말한다.

1. 무형 자산 : 없다(   ), 있다(   )

'있다'의 경우 처리방법

종류	처리방법	처리 위탁자	비고

2. 디지털 정보를 처리할 필요가 : 없다(   ), 있다(   )

'있다'의 경우 처리방법

종류	데이터 선별삭제	데이터 삭제 후 재사용	완전폐기
PC			
테블릿 PC			
스마트폰			
사진, 동영상등			
오피스 프로그램 등			

3. 휴대폰, SNS 등의 처리

> 개인정보 삭제 후 탈퇴( ), 유료서비스만 탈퇴( ), 그냥 두어도 된다( )

※ 개인정보의 유출가능성과 유료서비스 여부를 중심으로 판단하세요.

휴대폰	통신회사명 (전화번호)	월정요금	상품명	계약자명	만기일
	SK텔레콤				
와이파이	통신회사명	월정요금	계약자명	고객센터	만기일
SNS		아이디		패스워드	
	페이스북				
	카카오톡				
	위챗				
검색엔진		아이디	패스워드	이메일	
	다음				
	네이버				
	카카오				
	구글				

성년 후견인

※ 후견인이란 치매 등 나의 판단능력이 상실될 경우에
나의 재산을 대신 관리해 줄 사람을 말한다(=유언후견인)

1. 성년후견인

성년후견인 제도에 대해 알고 있나? 네(   ), 아니요(   )

2. 지정후견인

> ※ 지정후견인제도는 자신의 판단능력이 상실되었을 때 나를 대신하여 사무를 처리하여줄 사람, 즉 자신의 대리인이 되어줄 사람과 미리 계약을 하는 제도이다.

지정후견인제도를 이용하겠나? 네(   ), 아니요(   )

지정후견인제도를 이용할 경우 대리인으로 정할 사람이 있나? 네(   ),
아니요(   )

> 지정후견인 성명 (   ), 관계 (   )

3. 법정후견인

> ※ 법정후견인은 가족 등의 청구에 의해 가정법원에서 후견인을 선임한다.

법정후견인제도를 이용하겠나? 네(   ), 아니요(   )

긴급연락처

※ 긴급시 도움을 받을 수 있는 연락처를 기재한다.

1. 긴급연락처

유사시 연락처 : 대표자에게만 연락해서 회원들에게 전달하도록 부탁

번호	성명(관계)	전화번호	긴급상황		
			위급시	입원시	장례시
1					
2					
3					
4					
5					

유품 정리(동산유품)

※ 자신의 유품을 정리하기 쉽도록 방법을 알려준다.

희망보자기(동산유품리스트)를 참고하여 정리해 달라.

반려동물의 처리

※ 반려동물 등이 있을 경우 처리 방법을 알려준다.

종류	이름	성별	나이	혈통	먹이	예방주사	중성화 수술 여부

남기고 싶은 말

※ 자신의 생애와 철학을 밝히면서 삶을 정리할 수 있다.

한 세상 잘 살다가 간다.
부족한 나를 믿고 한평생 반려자가 되어준 아내 ○○○ 에게 고맙고 사랑한다.
나를 부모로 태어나준 아들 ○○○, 며느리가 되어준 ○○○, 손녀로 태어나 준 ○○○
모든 가족들에게 감사하고 사랑한다. 등등

참고자료

이 희망노트는 내용은 다음 자료를 참조하여 작성하였음을 밝힌다.

1) 엔딩연구소(https://ending.co.kr/), 엔딩노트.

2) 엔딩노트, 「生前の整理と手續き」, 동경: 문향사, 2022.

3) 장수행복노트, 한국장례문화원 홈페이지(http://www.kfcpi.or.kr)

4) 이별준비노트, 「장례」, 장례문화종합가이드북, 사단법인 한국장례협회, 2021.10.

5) 유언장, 한국죽음학회, 「한국인의 웰다잉 가이드라인」, 대화출판사, 2011.10.30.

6) 유선종, 「엔딩노트」, 박영스토리, 2021.03.

7) 이기숙, 「엔딩노트(큰글씨책), 산지니, 2020.05.

8) 조은경, 「종활노트」, 늘봄, 2018.6.20.

9) 「해피엔딩노트」, 토리북스, 2016.

희망보자기(유품리스트)

사진

부모님으로부터 물려받았거나
평소에 몸에 지니고 사용하던 물건이거나
나의 추억이 깃든 물건들을 이 보자기에 담아 놓았다.

사랑하는 나의 가족과 후손들에게
나의 추억이 될 만한 물건들을 전해주어 기억하게 하고 싶다.

누군가 나의 유품을 관리하게 되면 이 보자기에 들어 있는 물건들은
폐기하지 말고 필요한 사람에게 나누어 주어
추억을 공유하기 바란다.

작성일자	2023년 월 일	
작성자		(인)
보관자	(확인)	

희망보자기 활용방법
이 희망보자기는 공개자료로서 한글파일을 다운로드 받아 수정할 수 있다. 최대한 상세하게 만들었으니 필요 없는 부분은 삭제하고 사용한다.

※ **글로벌콘텐츠 홈페이지 자료실**(www.gcbook.co.kr)에서 다운로드 가능

희망보자기(유품리스트)

번호	물건명	수량	내력	보관장소

임종은 사랑하는 사람의 가까이에서 마지막을 지켜주는 의식이다.

임종자가 혼자 있으면 힘들어하고 불안해하기 때문에

가족이 옆에서 끝까지 함께 하는 것이 고인을 위해서도 좋은 일이다.

제4편

사후 준비

임종과 장례

임종 직후에는 무엇부터 해야 하나?

임종

임종이란 죽음을 앞둔 사랑하는 사람의 가까이에서 숨이 정지하는 마지막을 지켜주는 의식이다. 임종자가 혼자 있으면 힘들어하고 불안해하기 때문에 가족이 옆에서 끝까지 함께 하는 것이 고인을 위해서도 좋은 일이다. 임종에 임해서는 당황하거나 울거나 하지 말고 조용히 지켜보면서 임종하시는 분의 마지막 말씀을 경청하는 것이 중요하다. 가족 모두 사랑하고 감사하다는 등의 작별인사를 한다.

고인의 청각이 가장 늦게 닫히기 때문에, 돌아가셨다고 생각하고 아무 말이나 해서는 안 된다. 고인께서 다 듣고 계신다고 생각하고 언행을 조심해야 한다.

시신 이송과 안치

임종을 하면 서서히 체온이 떨어지고 몸이 굳어지기 때문에 올바른 자세를 유지하도록 하고 팔다리와 손발을 곧게 펴서 주물러 드린다.

고인이 입원 중인 병원에서 임종을 하면 그 병원의 장례식장으로 모시게 된다. 하지만 고인의 뜻에 따라서는 더 이상 치료를 받지 않고 자택으로 옮겨서 조용히 눈을 감는 경우도 있다. 자택에서 임종을 하시게 되면 곧바로 119를 부르기보다는 경찰에 먼저 연락을 한다. 경찰에서는 자살, 타살 등에 관한 조사를 하는데 약간의 시간이 걸리지만, 노환이나 병원기록 등으로 문제가 없다고 판단되면 곧바로 장례식장으로 이송이 가능하다. 시신의 이송은 119 차량이나 앰뷸런스로는 할 수 없고, 고인 이송 차량을 이용하게 된다. 장례식장이나 상조회사에는 고인 이송 차량을 준비하고 있는데 고인의 이송에는 10만 원 내외의 이송비(관내)가 발생한다.

장례식장으로 연락을 해도 담당 직원이 출동하여 고인 이송과 화장장 예약 등을 도와준다. 상조회사에 가입한 경우라면 24시간 콜센터로 연락하면 마찬가지로 상조회사 직원이 긴급 출동하여 시신의 이송과 화장장 예약을 도와준다. 그렇기 때문에 평소에 상조회사나 장례식장 정보를 미리 알아두는 것도 중요하다.

고인이 사망 후 24시간 이후에나 매장 또는 화장이 가능하기 때문에, 사망 시부터 발인 시까지의 기간 동안 시신의 부패를 방지하기 위한 저온 상태(섭씨 2도에서 4도)를 유지하는 영안실에 모실 수밖에 없다. 하루 평균 10만 원 안팎의 안치료를 부담하게 된다.

사망진단서 발급

가까운 사람이 사망하면 가장 먼저 해야 할 것이 의사의 사망진단서(또는 시체검안서)를 발급 받는 것이다. 사망진단서는 의사, 치과의사, 한의사가 진료 중에 환자가 사망한 경우 또는 병원이나 요양병원에서 최종 진찰 후 48시간 이내 사망한 경우에 해당 병원에서 발급 받을 수 있다. 병원이 아닌 다른 장소(자택, 요양보호시설 등)에서 사망 한 경우 병원이나, 장례식장으로 이송 후 시체검안서를 발급받을 수 있다.

노화처럼 자연사가 확실한 경우 주민자치센터에서 통장을 포함한 2명의 보증인을 세우고 인우보증서(가까운 관계에 있는 사람이 증명하는 서류)로 사망진단서의 대체가 가능하다. 병사인 경우를 제외하고 외인사(外因死)나 기타 및 원인을 모르게 사망한 경우 관할지역 경찰서에 신고하여 검사의 검사 지휘서 또는 검시필증을 발급받아야 한다.

사망진단서는 사망일시를 확정하는 기준이 될 뿐만 아니라 화장 또는 매장신고와 사망신고, 보험, 연금 등 여러 곳에 쓰이게 되기 때문에 최소한 5매 이상 넉넉하게 발급받아 둔다. 이 때 주의할 것은 발급받은 사망진단서는 장례를 마친 후 사망신고를 해야 한다는 점이다. 이미 사망신고가

된 사람은 화장장을 이용할 수 없기 때문이다.

화장장 예약(장지의 준비)

다음으로 준비해야 할 것이 화장장 예약과 장지의 준비이다. 화장장 예약은 인터넷 'e-하늘시스템'에 접속해서 직접 할 수도 있으나 상조회사나 장례식장 전문가의 도움을 받는 편이 수월하다. 매장의 경우에 미리 정해 놓은 묘지가 있으면 유족과 가까운 사람을 현장에 보내서 현장 상황을 지휘해서 매장 준비를 해야 한다. 미리 정해 놓은 묘지가 없으면 추모공원 등에 연락하거나 장례식장 또는 상조회사와 상의해서 매장이나 납골, 산골 장소를 물색한다.

장례계약과 빈소 설치

장례용품 계약은 장례식장과 상조회사를 구분해서 장례계약을 하게 된다. 장례식장에서는 상담사와 상담하여 안치실과 빈소 이용료, 식당 이용, 장례용품 구입, 리무진 이용 등의 장례식장 이용 계약을 마치면, 계약된 빈소에 꽃장식과 영정사진을 비치하고 제단을 설치한다. 장례식장 이용 계약이 끝나야 안치실과 빈소를 이용할 수 있다.

장례용품 구입과 리무진 등의 이용은 장례식장과 할 수도 있고 상조회사와 할 수도 있다. 상조에 가입한 경우 먼저 상조회사에서 제공하는 서비스를 확인하여 상조회사 제공 분을 빼고 장례식장 제공 분을 따로 계약해야 한다.

고인이 안치된 안치실은 장례지도사 이외에는 출입이 제한된다. 빈소에 비치할 영정사진을 준비해서 제단에 비치할 영정사진을 만들고 빈소 안내 문구를 제시한다. 영정사진은 파일로 가져가면 장례식장에서 디지털 영상으로 만들어 준다. 파일이 없을 경우 인화된 사진이나 가족사진을 가져가면 즉석에서 스캔하고 출력해서 만들어 준다.

유족의 업무 분담

장례 절차는 자녀와 배우자가 중심이 되어서 의논해야 하지만, 사후 절차는 특별히 누가 해야 한다는 규정은 없다. 유족인 상주가 너무 어리거나 반대로 고령 혹은 건강상태가 좋지 않은 경우에는 형제, 조카나 생질(甥姪: 누나나 여동생의 자녀)이 대신 할 수도 있다. 가족이 잘 상의하고 절차를 분담하면 각각의 부담이 줄어든다. 가까운 가족들이 각자의 업무를 분담해서 조문객 안내, 식당 관리, 방명록 정리, 부의금 접수, 묘지 준비 등의 업무를 분담하면 대체적인 준비가 끝나게 된다.

Question 02
장례 절차는 어떤 흐름으로 진행되나?

전통장례절차는 상당히 복잡한 절차로 구성되어 있다. 또한 지역마다 집안마다 약간씩 다르다. 오늘날 전통 장례를 그대로 따르는 사람은 거의 없다. 현대에서 일반적으로 시행하는 전통 장례 절차는 한국장례협회 홈페이지에 소개되어 있으니 이를 참고하면 된다.

현대식 장례 3일장을 기준으로 간단하게 표로 정리하면 다음과 같다.

일자별	항목별	준비사항	비고
1일차	사망진단서	사망진단서(시체검안서)를 발급 받는다.	
	이송	고인을 장례식장으로 이송한다.	
	수시	고인의 몸을 닦고, 몸을 가지런히 한다.	
	안치	안치실에 모시는 과정이다.	
	계약	장법확정, 입관용품, 빈소용품, 음식, 제수, 차량 등	
	빈소 마련	제단 꽃장식, 영정사진, 위패 준비	
	발상	상이 났음을 외부에 알림(인터넷 부고장)	
	업무분장	상주, 접수, 장지, 주방 도우미 등 역할 분담	
	장지 준비	화장장 예약, 추모공원, 유골함, 장지 준비	
2일차	염습 및 입관	수의를 입히고 관에 안치한다.	
	성복	죽음을 공식으로 인정하고 유족은 상복을 입는다.	
	성복제	입관, 성복 후의 초제(初祭)	
	조문	성복제를 마친 후 정식으로 조문을 받는다.	
3일차	발인(영결식)	출상하기 직전에 영결식을 하고 발인제(고인께서 장지로 향함을 알리는 의식)를 올린 후 출상한다.	
	운구	영결식 후 장지로 이송하는 과정이다.	
	노제	외부(병원)에서 돌아가신 경우 살던 집에 들르거나 재직했던 회사 등에 들리는 의식이다.	

			탈상을 하기도 함
	장례	화장(화장 후 매장, 봉안 또는 산골) 매장(하관, 성분, 평토제)	탈상을 하기도 함
	초우제 (반혼제)	고인을 장지(낯선 곳)에 두고 집으로 모셔온 고인의 혼백을 위로하는 제사이다	
4일차	재우제	초우제처럼 집에서 지낸다(생략 가능).	
5일차	삼우제	묘소(추모공원 또는 산골장소)를 찾아가서 잘 계신지 다시 한 번 돌아보는 절차이다.	대부분 탈상
49일째	49재	불교식의 경우(매 7일마다 진행), 막재 때 탈상하는 경우가 많다.	
100일째	100일	별도 행사는 없고 이 때 탈상하기도 한다.	
1년째	기제사	기제사를 모심(부모 모두 돌아가신 경우, 제사는 양위분을 함께 모신다. 지방은 따로 모신다).	

Question 03

3일장은 일자별로 어떻게 진행되나?

1일차 절차
임종 및 이송(장례식장) → 수시(收屍) → 고인 안치 → 빈소 설치 → 부고(訃告) → 장례준비

임종 및 이송

병원이나 자택에서 임종을 마치면 병원이나 일반 장례식장으로 이송한다.

※ 사망진단서(시체검안서) 발급: 사망진단서(시체검안서)는 의사가 발급하며 필요에 따라

5통 이상 준비해 두는 것이 좋다.

수시

고인의 몸을 바로 하고 시신이 굳어지기 전에 팔과 다리 등을 가지런히
하는 수시를 한다.

※ 수시용품: 수시복, 수시포(돌아가신 직후 시신을 덮는 홑이불), 칠성판(시신을 올려놓기
위한 북두칠성을 상징하는 널빤지), 받침대, 수시베개, 수시이불, 한지(지매), 탈지면, 향
탕(또는 알코올) 등

고인 안치

장례식장 안치실에 고인을 안치한다. 이때 상주는 고인이 안치된 냉장시
설의 안치번호를 확인하고 필요에 따라 보관키를 인수받는다.

빈소 설치(장례용품 선택, 화장시설 예약)

문상객의 인원수 등을 고려하여 빈소를 선택한다. 제단에 꽃장식을 하고
영정사진과 제단을 설치한다. 종교별 준비 사항에 따라서 빈소에 지방,
혼백, 영좌(육체와 영혼을 대신하는 혼백을 놓아 고인을 대신하는 것)를 설치하고
분향과 꽃 등 조문용 제단을 설치한다.

> **화장시설 예약**: 화장을 하는 경우 'e하늘 장사정보시스템'을 통해 가능한 날짜와 시간
> 을 선택하여 화장시설 예약을 한다. 화장장 예약은 유족인 개인이 직접 예약할 수도
> 있고, 장례식장 직원이나 상조회사 직원 등 전문가의 도움을 받아서 예약할 수도 있다.

부고

부고장 양식을 참조하여 부고장, 문자 작성 후 발송한다. 장례식장에서 대행하기도 한다.

장례 준비

장례식장 또는 상조회사와 상담하여 화장장 또는 장지를 예약하고 장례 용품을 선정한다.

※ 장례용품: 수의 및 관 등 장례용품을 선택하고 미리 준비한 수의가 있으면 준비한다. 문상 객 접대를 위한 접객용품과 인원에 맞는 메뉴를 선택한다.

전(奠)과 상식(上食)

아침에 해가 뜨면 조전(朝奠)을, 해가 지면 석전(夕奠)으로 전(奠)을 올리고 곡(오늘날은 생략하는 추세이다)을 한다. 이를 조석전(朝夕奠)이라 한다. 전 (奠: 살아 계심으로 믿고 제(祭)라하지 않고 전(奠)이라 한다)이란 고인을 생시와 똑같이 섬긴다는 의미에서 제물을 올리는 것을 말한다. 초하루 보름에 삭 망전(朔望奠)을 올리기도 한다. 상주(喪主) 이하 두 번 절한다.

전(奠)이 끝나면 술과 과일은 그대로 두고 상할 만한 음식은 모두 치우 고 나서 상식을 올린다. 매 식사 때 마다 생시와 같이 밥상을 올리는 데 이를 상식(上食: 살아계실 때 식사하듯이 빈소에 올리는 음식)이라 한다. 전통 예 법에서는 임종 후부터 계속하여 상식으로 올릴 수 있다.

염습(殮襲) → 반함(飯含) → 입관(入棺) → 성복(成服) → 성복제 → 문상(조문)

염습(殮襲)

고인을 정결하게 씻기거나 소독하여 수의를 입히는 것으로 입관 전에 행하는 절차이다.

※ 염습용품: 수의, 멧베(시신을 묶을 때 사용하는 끈), 염보, 베개, 습신(신발) 등

반함(飯含)

반함은 고인의 입에 불린 쌀과 엽전 혹은 구슬을 물려 입안을 채우는 일로(불린 쌀은 저승에서의 식량, 엽전과 구슬은 저승에서 쓸 돈과 뇌물의 의미), 현재에는 불린 쌀로만 반함한다. 상주, 상제, 주부, 복인 중 상주가 진행하되 원하는 유가족은 고인에게 반함할 수 있다. 요즘에는 종교적인 이유 등으로 반함을 생략하는 경우가 많다.

※ 반함 순서: 불린 쌀을 고인의 입안 우측 → 좌측 → 중앙 순으로 넣는다.

입관(入棺)

고인을 관에 모시는 것을 말하며 입관이 끝나면 관보를 덮고 명정을 발치쪽에 세운다.

※ 입관용품: 관, 보공(시신이 움직이지 않도록 빈곳을 채우는 일), 입관부속물, 소창(시신을

운반하기 위한 끈, 결관바), 관보(영구를 덮는 천), 명정(고인의 관직이나 성명을 기록한 기(旗)), 예단, 횡대(영구 위에 흙이 직접 닿지 않도록 덮는 나무토막), 공포

성복(成服)

입관 후 정식으로 상복을 입는다는 뜻으로 상주, 상제(고인의 배우자, 직계 비속)와 복인(고인의 8촌 이내의 친족)은 성복을 한다. 전통적 상복으로 굴건 제복을 입는 것이 원칙이었으나 현대에는 이를 고집할 필요는 없으며 돌아가신 직후에 성복하기도 한다.

※ 상복을 입는 기간은 장일까지 하되 상주, 상제의 상장(상을 당했다는 표시, 남자는 왼쪽 가슴에 삼베 리본을, 여자는 머리에 무명천 리본(머리핀)을 부착한다)은 탈상까지 한다.

성복제

상복으로 갈아입고 제사 음식을 차린 후 고인께 제례를 드리며, 종교가 있을 시 종교별 행사(성복제, 입관 예배 입관예절 등)로 진행한다.

조문(문상)

성복이 끝나면 본격적으로 문상을 받는다. 현대에는 1일 차부터 문상을 받기도 한다. 상주, 상제는 근신하고 애도하는 마음으로 영좌가 마련되어 있는 방이나 빈소에서 문상객을 맞으며, 문상객이 들어오면 일어나서 곡을 하였으나 요즘에는 곡은 하지 않는다. 문상객이 고인에게 조문을 마치고 상주에게 인사(問喪)를 하면 맞절을 하고 간단한 고마움의 표시를 하

는 것도 좋다. 상주, 상제는 영좌를 모신 자리를 지키는 것이 우선이므로 문상객을 일일이 전송하지 않아도 된다.

3일차 절차
발인(發靷) → 운구(運柩) → 장사(화장 또는 매장) → 장사 후 의례

발인(發靷)

영구가 집 또는 장례식장을 떠나는 절차이다. 관을 이동할 때는 항상 머리 쪽이 먼저 나가도록 하며(천주교의 경우는 발이 먼저 나간다), 발인에 앞서 간단한 제물을 차리고 제사를 올리는 발인제를 드리거나 종교에 따라 발인 예배 또는 영결식 등을 한다. 영결식은 고인의 유언과 유가족의 합의에 따라 가족장, 단체장, 사회장 등으로 시행하기도 한다.

운구(運柩)

발인이 끝난 후 영구를 장지(화장시설)까지 장의차량으로 운반하는 절차이다. 장의차를 이용할 경우에는 영정, 명정, 영구의 순서로 싣고, 상주, 상제, 복인, 문상객의 순으로 승차하여 운구한다.

매장을 하는 경우

① **장지 도착**: 공원묘지 등을 이용하는 경우에는 장지 도착 후 관리사무소

에 필요서류를 접수하고 승인 후 직원의 안내를 받아 하관하도록 한다.

※ 필요서류: 사망진단서 1부, 주민등록등본 1부, 신청서 1부, 고인증명사진(각 묘지마다 다름)

② **하관**: 영구를 광중에 모시는 것으로 유가족 등은 곡은 하지 않는다. 관을 수평과 좌향을 맞추어 내려놓고 명정을 관위에 덮고 횡대를 가로로 걸친 후 유가족은 흙을 관위에 세 번 뿌리거나 취토를 한다.

③ **성분(封墳)**: 유가족의 취토가 끝나면 석회와 흙을 섞어 관을 덮고 봉분을 만들어 잔디를 입힌다. 봉분이 마무리되면 준비한 지석을 묘의 오른쪽 아래에 묻어 봉분이 유실되더라도 누구의 묘인지 알 수 있도록 한다.

④ **산신제, 평토제**: 산신제는 향 모사 없이 지내며, 묘지 우측에 진설하고 고축(告祝)한다. 평토제는 성분제 혹은 제주제라고도 하며, 봉분을 만들고 나면 묘 앞에 제물을 진설하여 제사를 지내는 것을 말한다. 산신제, 평토제 대신 종교별 제례를 시행하기도 한다.

⑤ **매장 신고 및 분묘 설치 신고**: 개인, 종중묘지는 매장지를 관할하는 지방자치단체장(시, 읍, 면장)에게 신고한다. 재단, 공설묘지는 관리사무소에서 신고를 대행하기도 한다.

화장을 하는 경우

① **화장 시설 도착**: 화장 시설 관리사무소에 서류를 접수하고 승인 후 직원의 안내를 받아 시신을 화장로로 운구한다. 화장로 앞에서 간단한 제례를 올리고 고인과 작별한다. 화장이 끝날 때까지 유족들은 화장장 내에서 대

기한다.

※ 화장 서류: 사망진단서 1부, 주민등록등본 1부, 신청서

② **유골 수습 및 인수**: 화장이 끝나면 유골을 수습하여 유족에게 인계한다. 유족들은 인수받은 유골을 봉안함 또는 자연장함에 담거나 분골 후 담기도 한다.

※ 자연장함: 생분해성 수지, 전분 등 천연 소재로 생화학적 분해 가능한 소재로 한다. 굽지 않은 토기 등으로 수분에 의해 형체가 허물어지는 것으로 규정되어 있으나 일부 자연장에서는 용기를 사용하지 않기도 하며, 자연장의 경우 유골은 반드시 분골하여야 한다.

③ **화장증명서 수령**: 화장을 마친 후 화장증명서를 수령하여 봉안 및 자연장 관계자에게 제출한다.

Question **04**
삼우제를 마치고 해야 할 일은?

삼우제와 반혼제

장례(매장 또는 화장)를 치르고 돌아와서는 보통 우제(憂祭: 육신을 잃은 고인의 혼이 방황하지 않도록 안정시켜 드리는 의미)를 지낸다. 우제를 3번 지낸다고 해서 삼우제인데 보통은 마지막 날 3번째 우제를 삼우제라고 한다. 우

제 중 첫 번째인 초우제는 장사를 지내고 돌아온 당일 반혼제(육신은 밖에 두고 그 혼백을 집으로 모시고 돌아와서 지내는 제사)를 겸하여 가정에서 지낸다. 이튿날의 재우제도 가정에서 지내는데 생략하는 경우도 있다. 삼우제의 경우 보통 장사 3일째 날에 산소(납골당)에서 지내는데 이때 탈상을 하는 경우도 많다.

탈상과 제사

삼우제 이후 졸곡(곡을 그치는 것), 소상, 대상. 담제, 길제가 행해지기도 하고, 종교에 따라서는 49재(돌아가신 날로부터 매 7일 주기로 올리는 7번째의 재) 때 탈상을 하거나 100일에 탈상을 하는 경우가 많다.

현대 상례는 기존 3년이었던 상례 기간을 대폭 간소화하여 진행하는 경우가 많다. 즉, 상례보다는 장례에 집중되어 있으며, 보통 3일간의 장례와 삼우제까지 상례의 전 과정을 5일 만에 종료하는 경우가 많다. 삼우제를 생략하고 매장 또는 화장 당일 탈상하는 경우도 있다.

요즘은 매년 돌아가신 날 새벽에 지내는 기제사와 명절 제사만 모시는 가정이 많다.

	1일차	2일차	3일차	4일차	5일차	6일 이후
고인	임종→안치	염습→입관	발인→장사			
제사	조전, 석전, 상식	조전, 석전, 상식, 성복제	발인제, 초우제 (반혼제)	재우제	삼우제	49재, 소상(사망 후 1년),대상(사망 후 2년), 기제(매년 돌아가신 당일), 담제(대상 후3개월), 길제(담제 후 한달)

Question 05

누가 상주인지 어떻게 알 수 있나?

상주(喪主)

현재 시행 중인 「건전가정의례준칙」(2019. 7. 2)에서는 '장자'를 주상(主喪)이라 하여 상가에서 제전(祭奠)을 주장하여 맡아보는 사람, 즉 상주(喪主)라고 일컫는다. 상주는 보통 망자의 맏아들 또는 맏아들이 없는 경우 맏손자가 상주의 역할을 한다.

사망자의 배우자와 직계비속은 상제(喪制: 상주의 형제자매)가 된다. 이 중 주상은 배우자나 장자가 되고 사망자가 자손이 없는 경우에는 최근친자(最近親子)가 상례를 주관한다.

자손이 없을 경우에는 가장 가까운 촌수의 친족 중에서 나이가 많은 자가 된다. 아내의 상(喪)에는 남편이 된다. 자녀상 중에서 자녀의 후사가 없을 경우 고인의 부모 또는 형제가 주상으로서 역할을 하기도 한다.

상제(喪制), 주부(主婦), 복인(服人)

상주 외의 상복을 입는 사람들을 상제(喪制)라고 표현한다. 상제는 고인의 배우자와 직계비속이 된다. 상사에서 음식 대접 등 안의 일을 주관하는 사람을 주부(主婦)라 하는데 주부는 죽은 사람의 아내가 된다. 아내가 없으면 상주의 아내가 된다. 고인의 8촌 이내의 친족은 복인(服人)이 된다.

상주의 표시인 상장(喪杖)

남자의 경우는 완장(腕章) 또는 상장을 차는데, 검정 예복의 왼쪽 팔에 완장을 착용하거나 왼쪽 가슴에 상장을 부착한다. 완장을 보고 누가 상주인지 알 수 있다. 아들과 사위는 두 줄 완장, 그 밖의 복인 중 기혼은 한 줄 완장, 미혼은 무줄 완장을 차고 있다.

여자의 경우는 무명천으로 만든 머리핀을 착용하는데 남자가 상을 당했을 경우 좌측머리에, 여자가 상을 당했을 경우는 오른쪽 머리에 리본을 꽂는다.

상주가 짚는 지팡이를 보고 누가 돌아가셨는지 알 수 있다. 부친상에는 대나무, 모친상에는 오동나무를 쓴다. 요즘에는 지팡이를 생략하는 경우가 많다.

두 줄 완장	한 줄 완장	무줄 완장
상제 중	8촌 이내의 복인 중	8촌 이내의 복인 중
아들 및 사위	기혼인 복인	미혼인 복인

Question 06

조문 예절은 종교별로 다른가?

공수법

절을 할 때나 예의를 표할 때 평상시는 남자는 왼손이 위이고 여자는 오른손이 위로 간다. 그러나 장례식 등 흉사 시에는 반대로 남자는 오른손이 위로 가고 여자는 왼손이 위로 간다.

절하는 법

산 사람에게는 한 번, 죽은 사람에게 남자는 재배라 하여 두 번 절한다. 여자는 사배라 하여 네 번 절 하는데 그 이유는 여자는 음이므로 양인 남자의 갑절 수로 절을 한다. 음양의 원리에 의해 양의 수는 1, 음의 수는 2로 간주하기 때문이다. 오늘날 현대에는 남녀공통으로 재배로 바뀌는 경향이다.

고인보다 나이가 많으면 절은 생략한다

생시에 고인과 안면이 없거나 고인보다 나이가 많으면 영정 앞에 절하지 않고 상주에게만 문상한다. 영정 앞에 절하는 것은 조상(弔喪), 상주에게 인사하는 것은 문상(問喪)이라 한다. 따라서 조문이란 조상과 문상을 일컫는 말이기 때문에 조문 간다는 말이 옳다.

유교식(불교식) 조문 예절

빈소에 들어서서 상주와 가벼운 목례를 한 다음, 영정 앞에 무릎을 꿇고 앉아 준비된 향(긴 막대 향)을 집어서 불을 붙인 다음 향을 좌우로 흔들어 불꽃을 끄고(입으로 불어서 끄지 않는다) 향로에 향을 정중히 꽂고 일어나 한 걸음 뒤로 물러나 두 번 절한다. 절을 올린 후에 상주와 맞절을 하고 상중 위로의 말씀을 드린다.

향나무를 깎은 가루 향인 경우는 오른손의 엄지와 검지로 향을 집어서 오른손을 왼손으로 받치고 향로(향불)에 가볍게 놓는다.

분향을 마치면 고인에게 절을 올린 후에 상주와 맞절을 하고 상중 위로의 말씀을 드린다.

기독교식 조문 예절

빈소에 들어서서 상주와 가벼운 목례를 하고 준비된 국화꽃을 들고 고인의 영정 앞에 헌화한다. 헌화 방법은 평소에 물건을 전할 때와 같이 받는 사람이 받기 쉽도록 꽃대 줄기가 고인 쪽을 향하게 드려야 한다. 헌화를

마친 후 뒤로 한걸음 물러서서 15도 각도로 고개 숙여 잠시 동안 묵념을
드린 후 상주와 맞절을 하고 상중 위로의 말씀을 드린다.

천주교식 조문 예절

빈소에 들어서서 상주와 가벼운 목례를 하고 준비된 국화꽃을 들고 고인
의 영정 앞에 헌화한 후 뒤로 한 걸음 물러서서 15도 각도로 고개 숙여 잠
시 묵념을 드린다.

준비된 향을 집어서 불을 붙인 다음 향을 좌우로 흔들어 불꽃을 끈다.
한 쪽 무릎을 꿇고 향로에 향을 정중히 꽂고 일어나 한 걸음 뒤로 물러서
두 번 절한다.

※ 최근에는 문상객 위주가 아닌 상가 댁 위주의 문상 예절이 이루어지고 있어, 상가의 상황
에 맞는 문상 예절을 지켜야 한다.

Question 07
부고는 어떻게 보내야 하나?

부고(訃告)란

고인이 돌아가시고 장일과 장지가 결정되면 고인과 유족의 가까운 친척
이나 지인에게 부고를 보낸다. 요즘은 부고를 문자로 보내거나, 모바일

부고를 주로 이용한다.

　과거에는 부고를 알릴 때 상주의 이름이 아닌 호상(초상 때 상례에 관한 일을 주선하고 보살피는 사람)의 이름으로 보내기도 하였으나 호상의 이름이 없어도 무방하다. 일부 가족장, 기업장, 국가장에서는 별도의 장례위원 장이 호상의 역할을 하기도 한다.

부고 문자 내용

- 고인명·상주명·연락처·별세 일시·장례식장명
- 빈소·발인 일시·발인 장소·장지·계좌번호(필요시)

부고 양식(문자로 보내는 경우)

```
(예시1)
            故〇〇〇님께서 별세하였기에 삼가 알려드립니다.
고인: 〇〇〇 향년 〇〇세
별세: 〇〇〇〇년 〇월 〇일 〇〇시
빈소: 〇〇〇〇 장례식장 1호실
발인: 〇〇〇〇년 〇월 〇일 〇〇시
장지: 〇〇〇공원
상주: 〇〇〇
연락처: 010-0000-0000
```

(예시2)

　　　총무부 OOO 팀장의 부친께서 O월 OO일 별세하였기에 삼가 알려드립니다.

고인: OOO 향년 OO세

별세: OOOO년 O월 O일 OO시

빈소: OOO 장례식장 1호실

발인: OOOO년 O월 O일 OO시

장지: OOO공원

상주: OOO

연락처: 010-0000-0000

모바일 부고장(訃告) 보내기

요즘은 종이 부고장을 보내는 사람은 찾아보기 어렵게 되었다. 부고 문자를 보내거나 카카오톡으로도 보낼 수 있다. 스마트폰 앱 중에도 부고장을 보낼 수 있는 앱이 여러 개 나와 있다.

　부고를 보내기 위해서는 작성자 정보와 연락처, 장례식장과 빈소, 고인의 성함, 나이, 성별, 업로드 할 영정사진, 입관 및 발인 일시 및 장지, 상주들의 이름과 관계, 조위금을 받을 은행명과 계좌번호 등을 미리 파악해 두면 모바일 부고장을 쉽게 만들 수 있다.

Question 08

장례용품 선정 시 주의사항이 있나?

장례식장 선정 시 고려사항

장례식장은 병원에 부속으로 설치되어 있는 병원장례식장과 장례식장만 별도로 운영하는 전문장례식장이 있으며, 전국적으로 약 1,100여개의 장례식장이 있다.

장례식장은 고인의 운구 및 가족의 이용이 편리하고 조문이 편한 장소를 선택하는 것이 좋다. 장례식장 선택 시에는 ① 교통의 편리성 및 접근성, ② 가격의 적정성, ③ 친절한 장례서비스 제공, ④ 장례식장 편의시설 등을 고려하여 선택한다. 평소에 생각했던 장례식장에 대해서 'e하늘 장사정보시스템'을 통해 사전조사를 하면 상담시간과 노력을 줄일 수 있다.

'e하늘 장사정보시스템'을 통해 장례식장별로 빈소사용료, 장례용품, 음식, 가격, 서비스 등에 대해 사전 비교가 가능하다. 투명한 거래를 위해 현금영수증과 거래명세표를 의무적으로 발행하고 있다.

상조회사 이용 시 고려사항

상조회사는 염습, 장례용품, 도우미, 운구차량 등을 지원하는데, 상조회사 자체의 안치실과 빈소가 없기 때문에 안치실과 빈소, 음식대 등은 장례식장을 추가로 이용할 수밖에 없다. 상조회사는 임종 시 장례식장까지의 운구서비스, 장례용품의 제공, 안치실에서의 염습과 입관 절차, 음식 접대의 도우미 서비스, 발인 후 장지까지의 운구, 화장 및 매장 절차 진행 등을 담당한다.

상조회사는 선불식 상조회사와 후불식 상조회사, 프리랜서 등이 있다. 선불식 상조회사는 정해진 상품가격을 60개월 또는 100개월로 나누어 매월 해당 금액을 납입하고 장례용품 제공과 상조서비스를 제공한다. 다만, 상조회사가 제공하는 서비스가 장례에 필요한 모든 비용이 포함된 것이 아니므로 꼼꼼한 확인이 필요하며, 공정거래위원회에 등록되어 있는 회사인지도 확인해야 한다. 후불식 상조회사 또는 프리랜서로 활동하는 상조회사는 가입 후 일정한 할부금이 없고 장례를 마치고 나서 후불로 비용을 정산하는 시스템이다.

장례용품의 선정

① 관(棺)

관이나 수의는 종류나 가격, 구성품이 다양하고 부피가 크기 때문에 미리 준비하는 경우가 거의 없다. 장례식장이나 상조회사와 상담 과정에서 현물을 보고 선택한다.

우리나라의 관 종류는 목관(나무로 만든 관), 옹관(항아리 모양의 토기관), 석관(돌로 만든 관) 등이 있으며 목관을 많이 이용한다. 또 목관도 탈관용, 매장용, 화장용, 개장용으로 구분되며 같은 나무라도 두께 품질, 통판, 모양, 크기, 재질 등에 따라 종류가 다양하다.

목관의 종류

오동나무관	습기에 강하고 가벼우며 화장 시, 탈관 시 이용하고 가장 많이 사용한다.
소나무관	내구성이 강하고 가공이 쉬우며 벌레가 들어오는 것을 막아준다. 주로 매장 시 사용한다.
향나무관	방습과 방충에 효과가 있고 내구성이 강하며 가장 비싸다. 주로 매장 시 사용한다.

② 수의(壽衣)

수의는 시대에 따라 종류와 형태가 달라지고 있다. 수의의 가격은 수의의 소재, 원단의 생산지, 제작 방법 등에 따라 매우 다양하므로 정확한 상담 후 준비해야 한다.

요즘은 화장이 대세이기 때문에 고가의 수의를 마련할 필요는 없다. 수의의 소재도 삼베 일변도에서 벗어나서 저가의 천연소재로 대체하거나 평소 즐겨 입던 제복을 사용해도 좋다. 가급적 화학섬유가 포함된 소재는 피한다. 고인의 몸에 꼭 맞는 옷은 착용이 불편하기 때문에 다소 헐렁한 복장이면 좋다.

소재에 따른 수의 종류

천연섬유	삼베 (대마)	대마의 껍질을 벗겨 가늘게 찢어 실로 만들어서 짠 직물
	저마(모시)	쐐기풀과 모시풀로 만든 섬유
	면(무명)	목화 씨앗에서 실을 뽑아 만든 원단
	아마(린넨)	아마 식물의 줄기로 만든 섬유
	비단(명주)	누에고치에서 풀어낸 견사(絹紗)를 사용하여 평직으로 직조한 무늬가 없는 견직물
	인견	목재펄프에서 가늘게 실을 뽑아 만든 원단
화학섬유	합성(면+폴리)	대부분의 제복이나 일상복(화학적으로 합성하여 만든 섬유)

③ 상복(喪服)

전통적인 상복은 상중(喪中)에 입는 예복, 즉 유가족이 장례식장에서 입는 옷이다. 남성들은 삼베로 지은 한복에 굴건을 쓰거나, 검은 양복에 삼베로 만든 완장을 팔에 두른다. 여성들은 하얀 한복을 입고 머리에 하얀색 리본을 달거나, 검은 정장 또는 한복을 입는다.

요즘은 삼베로 된 '전통 상복'을 입는 경우는 거의 없다. 대부분 장례식장에서 대여해주는 상복을 입는데, 남자는 검정색 양복과 넥타이, 여성은 검정색 의상을 주로 입는다. 고인과의 관계에 따라서 상복을 입는 범위와 상장, 완장도 다르다. 상장과 완장으로 상주를 구별하기 때문에 장례식장에서 추천하는 상복을 대여하는 것을 추천한다. 상복 때문에 가족 간 분쟁이 생기지 않도록 다소 넉넉하게 준비해 두는 것이 좋다.

Question 09

사이버 장례식은 어떻게 참여하나?

코로나19가 앞당긴 사이버 장례

코로나19 사태를 일찍 겪은 우리나라에서도 온라인 장례문화가 활성화되고 있다. 이와 관련 정부는 코로나19의 확산 방지를 위한 세부지침을 내놓은 바 있다. 지침에는 장례식장에 조문을 갈 경우, 문상은 가급적 간략하게 하고 30분 이상 머물지 않는 것을 권장했다. 유가족은 간소한 장례를 치르고, 조문객을 맞이할 때는 마스크를 착용하도록 했다. 코로나19가 또 다시 확산되면서 이 지침을 따르기보다는 조문객 수가 급격히 감소하였다. 코로나19 사태가 종료되어도 일부는 사이버 장례로 이동할 것으로 보인다.

조문과 조위금도 '사이버 장례식장'에서

인터넷으로 서울시의 ○○대학병원 장례식장 사이트에 접속을 하면, 빈소별로 고인명, 상주, 발인일 등의 정보가 나온다. 이곳에서 본인 인증을 마치고 사이버 조문방으로 입장하면 조문의 글과 상주 ○○와의 관계를 기록할 수 있다.

조위금 결제창으로 입장하면 이름, 이메일, 휴대폰 번호, 금액을 입력

하고 신용카드로 결제를 하면 조위금이 상주에게 전달된다. 피치 못하게 조문을 가지 못하게 되었을 경우에 편리하게 이용할 수 있다.

고인 추모도 '사이버 추모의 집'에서

서울시 사이버 추모의 집 이용대상자는 서울시립장사시설(서울시립승화원, 서울추모공원)에서 화장, 봉안, 매장, 자연장, 산골 등 을 이용한 고인의 유가족 또는 관련 단체에 한하여 사이버 추모의 집 이용이 가능하다. 인터넷 상에 올릴 수 있는 고인 자료(사진, 음성, 동영상 등) 저장공간은 500MB가 무료 제공되는데 이는 사진(380*240) 500매, 음성녹음 50분, 동영상 자료 90분 정도 모두를 수용할 수 있는 공간이다.

또한 사이버 추모의 집에서는 하늘나라우체국이라는 가상 공간에 고인에 대한 추모의 글을 게시함으로써 부모, 형제, 부부간의 애틋한 사연을 통해 고인에 대한 유가족의 정감을 느낄 수 있도록 하고 있다.

온라인 장례와 사이버 추모관의 확산

사이버 추모관은 스마트폰의 보급화와 태블릿PC 등 각종 IT산업의 발달에 발맞춰 상조업계에서 선보인 서비스로써 이미 수년 전부터 운영되고 있었다. 코로나19에 따라서 다른 나라와 마찬가지로 사이버 추모관 등 온라인 장례문화에 대한 관심이 높아지게 되었다.

사이버 추모관에서는 살아생전의 고인의 족적을 확인할 수 있고, 시간과 장소에 구애받지 않고 언제든지 추억할 수 있다는 점에서 유족들의 긍정적인 평가가 많았다.

이 밖에도 추모글을 남기거나 사진을 감상하는 것은 물론, 최근 조위금까지 온라인을 통해 전달하는 것이 가능해지면서 관련 산업이 새로운 전기를 맞이하게 되었다.

제2절

시신의 안장

Question **01**
매장의 절차는 어떻게 되나?

매장(埋葬)의 시기

'매장'이란 시신(임신 4개월 이후에 죽은 태아 포함)이나 유골을 땅에 묻어 장사하는 것을 말한다. 매장은 특별한 경우가 아니면 사망 또는 사산한 때부터 24시간이 지나야 할 수 있다.

24시간 이전에 매장할 수 있는 경우는 다른 법률에 특별한 규정이 있는 경우, 임신 7개월이 되기 전에 죽은 태아, 「감염병의 예방 및 관리에 관한 법률」에 따른 감염병으로 사망한 시신으로 시장 등이 감염병의 확산을 방지하기 위하여 필요한 경우, 「장기등 이식에 관한 법률」 제18조에 따라 뇌사 판정을 받은 후 장기 등의 적출이 끝난 시신 등이 있다.

매장의 장소

누구든지 공설묘지 또는 사설묘지에 매장할 수 있으나 「장사 등에 관한 법률」에 따라 신고 또는 허가된 묘지에만 매장이 가능하다. 공설묘지에는 지방자치단체가 설치·관리하는 묘지가 있고, 사설묘지에는 개인묘지, 가족묘지, 종중·문중묘지, 법인묘지 등이 있다.

매장의 방법

시신 또는 화장하지 아니한 유골은 위생적으로 처리하여야 하며, 매장 깊이는 지면으로부터 1m 이상이어야 한다. 화장한 유골을 매장하는 경우 깊이는 지면으로부터 30cm 이상이어야 한다.

매장신고는 사후신고제이다. 신고의무자는 매장을 한 자로서 매장 후 30일 이내에 매장지를 관할하는 시장 등에게 신고하여야 한다.

매장의 절차

공설묘지 등의 경우에 매장 절차는 묘지 도착 → 관리사무소 서류 접수 → 매장지 운구 → 하관 → 유족 취토 → 성분 → 성분제(평토제)의 순으로 진행된다.

Question **02**
화장의 절차는 어떻게 되나?

화장(火葬)이란

시신이나 개장한 유골을 불에 태워 장사하는 것을 말한다. 화장은 사망
또는 사산한 때부터 24시간이 지나야 할 수 있다. 24시간 이전에 화장할
수 있는 경우는 매장의 경우와 똑같다.

화장시설

화장을 할 수 있는 시설은 화장시설 외의 시설 또는 장소에서 화장해서는
안 된다. 화장시설 외의 장소에서 화장을 할 수 있는 경우는, 사찰 경내의
다비 의식으로 화장하는 경우, 화장 시설이 설치되지 아니한 도서 지역에
서 시장 등이 감염병의 확산 방지를 위해 긴급 조치가 필요한 경우 등이다.

화장의 절차

화장장의 예약은 직접 화장장으로 연락하면 예약이 불가하다. 화장의 예
약은 반드시 'e하늘 장사정보시스템'을 통해서 예약을 접수해야 한다. 개
장유골의 경우에도 동일하다.

    화장 예약에서 화장장 도착, 화장과 안치 장소로 이동까지의 흐름은

화장 예약 → 운구 → 접수 → 화장 → 분골 → 유골과 화장증명서 인수 → 안치장소로 이동의 절차로 진행된다.

화장 시 유의 사항으로는 화학 합성섬유 등 환경오염 발생물질이나, 화장로의 작동 오류 또는 폭발 위험의 원인이 되는 물질을 시신과 함께 관속에 넣으면 안 된다는 점이 있다.

화장신고

시신의 화장신고는 병원에서 발부한 사망진단서(시체검안서) 또는 읍·면·동의 확인서를 화장시설에 비치된 화장신고서에 첨부하여 제출한다. 개장유골의 화장신고는 개장지 읍·면·동장이 발행한 개장신고필증을 첨부하여 제출한다. 화장의 신고는 사후신고제이지만 따로 신고를 할 필요는 없다. 화장 당일 화장시설에 화장신고를 접수하면 화장을 마친 후 화장시설에서 지방자치단체에 신고하여 준다.

Question 03
자연장의 절차는 어떻게 되나?

자연장(自然葬)의 종류

'자연장'이란 화장한 유골의 골분을 잔디·수목·화초 등의 밑이나 주변에 묻는 친환경 장법이다.

자연장지의 종류에는 공설자연장지와 사설자연장지가 있다. 공설자연장지에는 산림청장, 다른 중앙행정기관의 장 또는 지방자치단체의 장이 조성한 수목장림이나 그 밖의 자연장지가 있다. 사설자연장지에는 개인·가족자연장지, 종중·문중자연장지, 법인 등 자연장지가 있다. 자연장의 종류에는 잔디형, 화초형, 수목형, 수목장림이 있다.

잔디형 자연장

화장한 골분을 지정된 잔디 아래에 묻는 방법이다.

〈잔디형 자연장〉

화초형 자연장

화장한 골분을 지정된 화초 아래에 묻는 방법이다.

〈화초형 자연장〉

수목장(비산림 지역)

산림이 아닌 지역에서 화장한 골분을 지정된 수목의 뿌리 주위에 묻는 방법이다.

〈수목장〉

산림장림(산림 지역)

산림 지역에서 기존의 나무 밑에 화장한 유골의 골분을 묻어 장사 할 수 있도록 지정한 산림을 말한다.

〈산림장림〉

자연장(自然葬)의 방법

자연장의 방법은 화장한 유골을 땅에 묻기에 적합하도록 분골하여야 하며, 화장한 유골의 골분, 흙, 용기 외의 유품 등을 함께 묻어서는 안 된다. 지면으로부터 30cm 이상의 깊이에 화장한 유골의 골분을 묻되 용기를 사용하지 않을 경우 흙과 섞어서 묻어야 하고 용기를 사용할 경우에는 적정한 용기를 사용하여 한다.

용기의 재질은, 생분해성수지제품, 전분 등 천연소재로서 생화학적으로 분해가 가능한 것, 수분에 의하여 형제가 허물어지는 것(굽지 않은 토기 등)을 사용하여야 한다.

납골의 절차는 어떻게 되나?

납골시설(봉안시설)의 고려 사항

봉안시설의 선택 시 고려 사항으로는 접근의 용이성, 가격의 적정성, 편의시설, 안정성, 기타 사항을 검토해야 한다.

첫째, 접근의 용이성이다. 거주지와 가깝고 교통이 편리한 곳을 선택해야 자주 찾아볼 수 있다. 둘째, 가격의 적합성이다. 지역별로 봉안시설의 종류, 안치단의 높이 등에 따라 가격 차이가 있다. 셋째, 편의시설 여부이다. 주차장, 제사시설, 휴게시설, 장애자시설, 휴일 개방 여부 등이 갖추어져 있어야 한다. 넷째, 안정성 여부이다. 현행 장사법에서 정한 최장 60년간 시설 유지에 문제가 없는지 살펴보아야 한다. 다섯째, 청결과 보안시설이다. 안치함을 청결하게 유지·관리하는지, 보안시설이 갖추어져 있는지 등을 고려해야 한다.

납골시설(봉안시설)의 종류

'봉안'이란 화장한 유골을 유골함에 담아 여러 형태의 시설물에 안치하는 것으로 봉안당, 봉안묘, 봉안탑, 봉안담 등의 시설이 있다. 봉안당은 실내에 안치하는 봉안당과 외부에 안치하는 봉안묘, 봉안탑, 봉안담이 있다.

납골당(봉안당)

납골당(봉안당)은 건축물 내에 유골함과 유품을 보관할 수 있도록 단(段)을 설치한 시설이다.

〈납골당〉

봉안묘

외부에 분묘의 형태를 만들고 그 속에 유골함을 안치하는 시설이다.

〈봉안묘〉

봉안탑

외부에 탑의 형태를 만들고 그 속에 유골함을 안치하는 시설이다.

〈봉안탑〉

봉안담

외부에 유골함을 보관할 수 있도록 벽과 담의 형태로 설치한 시설이다.

〈봉안담〉

Question 05
산골의 절차는 어떻게 되나?

산골(散骨)이란

화장한 유골을 산, 바다, 유택동산에 뿌리는 방식을 말한다. 사유지 또는 산골을 위해 조성된 장소(유택동산)에서 산골을 할 수 있다.

장사법상 산골은 위법은 아니지만, 해당 지역이나 지자체 단위로 규정이 되어 있어 유택동산이나 그 밖에 지정 장소에서만 가능하다.

유택동산에 산골

유택동산(幽宅童山)이란 뒷동산과 같은 동산이 아니다. 유택은 분골을 모아 놓는다는 뜻이고, 유택동산이란 화장 후 고인의 유골 및 분골을 산골(시체를 불 살라서 뼛가루를 뿌림)하는 장소를 말하는 것이다.

대체로 화장장 또는 사설 장지(추모공원 등)에 조성된 유택동산에서 산골할 수 있다. 공설 화장장의 유택동산은 대부분 무료로 이용할 수 있다. 일부 화장장의 경우 유택동산 이용 시 소정의 이용료(1~5만 원)를 받기도 한다. 유택동산에서는 용기에 분골이 꽉 차게 되면 산골로 처리하는데, 어느 곳에 처리했는지는 알려주지 않는다. 매장, 수목장, 납골당과 달리 고인의 유택을 찾아오기 힘든 유족들이나 고인 유지를 받들어서 화장 후에 하는 장례 절차 중의 하나이다.

〈유택동산입구〉   〈유택동산 내부〉   〈유골투입구〉

사유지 또는 문중 선산에 산골

본인의 사유지 또는 문중 선산에 산골할 수 있다. 묘소를 조성, 관리하는 방식의 장법과 달리 산골은 비용이 거의 발생하지 않는 것이 특징이다. 다만, 타인의 사유지, 공공장소, 식수원으로 쓰이는 강 등에 산골하는 것은 불법이므로 산골 장소의 선택에 유의해야 한다.

해양산분

선박을 이용하여 지정된 부표 혹은 장소에서 유골의 골분을 바다에 뿌리거나 특수 유골함을 떠내려 보내는 것을 말한다.

국토해양부가 마련한 해양산분 기준 및 방법은 다음과 같다.

첫째, 해양산분은 가능한 해안선에서 5km 이상 떨어진 해역에서 행한다.

둘째, 선박의 안전한 항행이나 어로 행위를 포함하여 다른 이용자의 이용을 방해하지 않도록 한다.

셋째, 골분이 바람에 날리지 않도록 가능한 수면 가까이에서 뿌리도록 한다.

넷째, 생화로 된 화환 이외의 유품을 포함하여 행사에 사용된 물질이나 음식물 등을 해역에 방치하거나 배출해서는 안 된다.

장례 직후 절차

Question 01
장례 직후 해야 할 일은 무엇인가?

반혼제와 삼우제

반혼(返魂)은 사람이 죽으면 육체는 없어지지만 그 혼(영혼)은 없어지지 않고 돌아온다는 뜻으로 반혼제(返魂祭)라고도 하는데, 따로 반혼제를 지내는 집은 드물고 보통은 혼백을 모시고 집에 돌아온 날 낮에 같은 의미를 담아서 초우제를 겸해서 지낸다.

우제(虞祭)는 장사 당일부터 혼백을 편안하게 위로하는 제사이다. 장사 당일에는 초우(初虞), 초우 다음날 지내는 재우(再虞), 그 다음날 지내는 삼우(三虞)가 있다. 우제(虞祭)에서 우(虞)자는 염려하고 근심한다는 뜻의 글자이다. 육신을 산 또는 납골당에 두고 혼백만을 집으로 모시고 왔기에 혼백이 당황해서 육신이 편안한지 걱정스럽고 염려되어서 안심시키는 의미가 있다.

　장사 지내는 동안에 하는 제사는 제(祭)라고 하지 않고 전(奠)이라고 하는데, 이때까지는 살아계신 것으로 여겨서 제(祭)라고 하지 않았다. 이제부터는 육신을 장사지냈으므로 혼백을 신명(神明)으로 대하여 제(祭)를 올리고 조상신으로 대했다.

답례 인사

답례 인사는 형식이나 기간 등이 따로 정해진 바는 없다. 장례가 끝난 후 방명록과 조위금 목록을 확인하고 장례에 참석하여 조문한 이들에게 편지나 전화, 문자의 형태로 정성스럽게 답례 인사장을 발송한다. 답례인사는 예의에 어긋나지 않게 작성하되, 감사의 마음이 전달될 수 있도록 진심을 담아 작성하는 것이 좋다. 직접 참석하지 않았더라도 인터넷 장례의 조문 글이나 조위금 목록 등을 확인하여 빠지지 않도록 주의한다.

(예시)

바쁘신 가운데에도 저희 아버님 ○○○의 장례에 참석하여 주시고
따뜻한 조문과 위로의 말씀을 해 주신 것에 가슴 깊이
감사드립니다.

찾아뵙고 인사를 올리는 것이 도리인 줄 아오나 여의치
못해 이렇게 서면으로나마 대신 인사드리오니
넓은 마음으로 이해하여 주시길 바랍니다.

베풀어 주신 각별한 정성에 거듭 감사의 말씀을 올리오니
늘 건강하시고 평안하시길 기원합니다.

2023년 ○○월 ○○일
아들 ○○○, ○○○, ○○○
며느리 ○○○, ○○○, ○○○
딸 ○○○, ○○○, ○○○
사위 ○○○, ○○○, ○○○
손자 손녀 ○○○, ○○○
올림

모바일 답례 인사

장례를 마친 후 답례 인사는 서면으로 정중하게 보내는 것이 일반적이었
지만, 요즘은 모바일로 대신하는 경우가 많아졌다. 결혼식 답례장도 모
바일로 많이 보내기 때문에 장례식 답례장을 모바일로 보내는 것도 크게
예의에 어긋나지는 않는다.

위의 답례 인사를 참고해서 최대한 예의를 갖추어서 보내도록 한다.

사망신고

사망신고란 사람이 사망한 후 주민등록에서 말소하기 위해 시(구)·읍·면의 장에게 신고하는 것이다. 사망신고를 하면 주민등록법상 세대주가 사망한 경우 세대원 중 최상위자가 세대주가 된다. 국민연금관리공단과 국민건강보험관리공단에도 정보가 공유되어 연금수급권 정지와 건강보험 자격도 정지되므로 사망신고를 하면 국민연금과 건강보험신고는 자동적으로 된다.

신고 기한	• 사망 사실을 안 날부터 1개월 이내 ※ 신고 의무자가 정당한 사유 없이 사망신고를 기간 내에 하지 않은 경우에는 5만 원 이하의 과태료 부과
신고 의무자	• 친족·동거자 • 사망 장소를 관리하는 사람 • 사망 장소의 동장 또는 통이장
신고 장소	• 방문신청(시, 구, 읍, 면, 동) 또는 우편신청 • 인터넷 신청 불가능
제출 서류	• 사망진단서(시체검안서) 등 사망의 사실을 증명하는 서류 • 신분확인 서류(신고인, 제출인, 우편 제출의 경우 신고인의 신분증명서 사본) • 사망자의 가족관계등록부와 기본증명서

종교별 의례와 탈상

불교의 경우 돌아가신 날을 포함해서 매 7일 단위로 7번의 제사를 지내므로 49재라고 하는데 형편에 따라서는 중간의 재(齋)는 생략하고 49일째 되는 날에 49재를 올리며, 보통은 이때 탈상을 한다.

기독교의 경우 주일 예배 시에 감사예배를 드리고 인사를 한다. 천주교의 경우 다음 번 미사 시에 감사 미사를 올린다. 각 종교별로 종교지도자에게 문의해서 모시면 된다.

제사와 성묘

제사는 매년 돌아가신 날에 기제사를 지낸다. 기제사는 돌아가신 당일 새벽(밤 12시부터 전후 1시간)에 지내는 것이 원칙이나 시간 관계상 돌아가신 날의 전날 저녁에 지내는 집이 많다. 설과 추석날에 지내는 차례는 집에서 아침 시간에 지낸다. 한식이나 삼우제는 낮 시간에 묘소에서 지낸다.

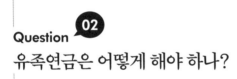

Question 02

유족연금은 어떻게 해야 하나?

유족연금의 의의

연금에 일정 기간 가입한 자 또는 연금을 지급받던 사람이 사망할 경우 그에 의해 생계를 유지하던 유족에게 급여를 지급하여 안정된 삶을 살아갈 수 있도록 지급하는 연금을 말한다.

유족연금 대상자

가입자 또는 가입자였던 자가 사망할 당시 그에 의하여 생계를 유지하는 자(다만, 자녀는 25세 미만이거나 장애등급 2급 이상인 경우, 손자녀는 19세 미만이거나 장애등급 2급 이상인 경우, 부모와 조부모는 수급연령(현재 62세) 이상이거나 장애등급 2급 이상인 경우)에게 지급한다. 유족연금 대상자의 순위는 배우자 → 자녀 → 부모 → 손자녀 → 조부모의 순이다.

유족의 범위(국민연금의 경우)

- 배우자 (사실혼 배우자 포함)
- 자녀 25세 미만 또는 장애등급 2급 이상
- 부모 (배우자의 부모포함) 60세 이상 또는 장애등급 2급 이상
- 손자녀 19세 미만 또는 장애등급 2급 이상
- 조부모 (배우자의 부모포함) 60세 이상 또는 장애등급 2급 이상
- 사망자와 생계를 유지하고 있던 가족
중 위의 요건에 해당자 중 최우선 순위자에게 유족연금 지급
※ 자세한 수급조건 및 연금액 등은 개인별로 상이하니 국민연금공단(☎1355)으로 문의

유족연금의 지급 신청

유족연금지급청구서(국민연금법시행규칙 별지 제17호 서식)를 국민연금관리공단 지사에 제출하면 유족연금 수급권자의 연금 수령 계좌로 유족연금이 지급된다.

※ 유족연금지급신청이 접수되거나, 사망신고가 접수되면 사망자의 연금수급권 소멸신고가 접수된 것으로 보아서 별도의 수급권 소멸신고를 할 필요는 없다(국민연금법 제29조제1항 및 제121조제1항).

유족연금 급여 수준(국민연금의 경우)

사망자의 가입 기간에 따라 기본 연금액의 40~60%를 지급한다.

> * 10년 미만: 기본연금액 40% + 부양가족연금액
>   10년 이상 20년 미만: 기본연금액 50% + 부양가족연금액
>   20년 이상: 기본연금액 60% + 부양가족연금액

※ 수급조건과 연금액, 서류 등의 상담은 국민연금공단 또는 전화 1355로 문의

공적연금의 유족연금

공무원연금, 사립학교교직원연금, 군인연금, 별정우체국연금 등의 유족연금제도는 대체로 국민연금과 유사한데, 각 직종별로는 재직 당시의 배우자나 가족에 한정하고 있다.

종류	대상	유족의 범위	비고
공무원 연금 유족연금	• 퇴직연금, 조기퇴직연금, 장애연금수급자 사망 시 • 10년 이상 재직한 공무원이 재직 중 사망 시 (* 10년 미만 재직 시 유족연금 대신 퇴직일시금 수령)	• 공무원 재직 당시 배우자 (사실혼 배우자 포함) • 공무원 재직 당시 출생하거나 입양한 자녀 (태아 포함) • 공무원 재직 당시의 부모 또는 자녀 (* 공무원연금법상 유족)	공무원연금 공단 ☎1588-4321로 문의
사학연금 유족연금	• 재직기간이 10년 이상인 교직원의 재직 유족이 연금을 원할 때 • 퇴직연금, 조기퇴직연금, 장애연금수급자가 사망하였을 때	• 연금수급자가 사망할 당시 부양하고 있던 배우자, 자녀 손자녀, 조(부모) (* 배우자와 자녀는 재직 당시 혼인관계에 있었어야 함)	사립학교교 직원연금관 리공단 ☎1588-4110로 문의

군인연금 유족연금	• 퇴역 또는 상이연금 수급자가 사망한 때 • 군인이 복무 중 공무상 사망한 때	생략	군인연금 ☎1577- 9090로 문의
별정우체 국 유족연금	• 10년 이상 재직한 직원이 재직 중 사망한 때 • 퇴직·조기퇴직연금 수급자가 사망한 때	생략	별정우체국 연금관리단 ☎02)3278 -7700)로 문의

Question 03
장제비 지원은 어떻게 받나?

화장장려금

각 지자체에서 매장과 개장에 의한 무분별한 국토의 잠식과 훼손을 방지하고 화장문화를 권장하기 위하여 유족에게 화장에 필요한 비용의 일부를 지급하는 것을 화장장려금이라고 한다.

지원대상자는 ① 일정기간 지자체에 주민등록상 주소를 둔 시민이 사망하여 화장한 경우, ② 지자체 관내에서 개장(이장)하여 화장한 경우이며 기초생활 수급자와 국가유공자는 화장장비가 면제되기 때문에 장려금 지급대상에서는 제외된다.

지원금액은 통상 10~70만 원(평균 20~30만 원)이지만 각 지자체별로 상이하므로 각 지자체에 문의하면 된다. 신청기간은 사망신고일로부터 60일 이내에 고인의 주소지 주민센터에 직접 방문하거나 우편으로 신청한다. 사망신고 시에 화장장려금을 같이 신청하면 편리하다.

장제비지원(기초생활수급자)

기초생활수급자에 대한 장제급여는 사망한 사람이 생계급여, 주거급여, 의료급여 중 하나 이상의 급여를 받는 수급자인 경우 사체의 검안·운반·화장 또는 매장 그 밖의 장제조치에 지급된다(「국민기초생활 보장법」 제14조 제1항 및 제7조 제1항 제1호부터 제3호까지).

지급대상과 금액은 다음과 같다.

지급대상	장제급여는 실제로 장제를 행하는 사람에게 지급된다(「국민기초생활 보장법」 제14조제2항 본문).
지급금액	장제에 필요한 비용으로 70~75만 원이 지급되는데, 비용을 지급하는 것이 적당하지 않다고 인정되는 경우에는 물품으로 지급될 수 있다 (「국민기초생활 보장법」 제14조제2항).
신청	사망자의 주민등록주소지 관할 읍, 면, 동 주민센터

장제에 필요한 비용을 받으려는 사람은 장제급여신청서(전자문서로 된 신청서 포함)를 거주지를 관할하는 시장·군수·구청장에게 제출해야 한다 (「국민기초생활 보장법 시행규칙」 제18조제1항). 시장·군수·구청장은 단독가 구주(單獨家口主)의 사망 등 불가피한 경우에는 직접 장제를 행할 수 있는

사람을 지정하여 장제급여를 할 수 있다(「국민기초생활 보장법 시행규칙」 제18조제2항).

국가유공자 등의 장제비 지급

국가유공자 등이 사망한 경우 유족에게 사망일시금 또는 장제비가 지급된다.

대상자	관련법률	지급대상
국가유공자	국가유공자 등 예우 및 지원에 관한 법률	사망일시금
독립유공자	국가유공자 등 예우 및 지원에 관한 법률	사망일시금
참전유공자	참전유공자 예우 및 단체설립에 관한 법률	장제보조비 20만 원+영구용 태극기
재해사망자	재해구호법	장례비
수용자	형의 집행 및 수용자의 처우에 관한 법률	장례비
군수형자	군에서의 형의 집행 및 수용자의 처우에 관한 법률	조위금

기타 장제비(해당기관으로 문의)

종류		신청
공무원 순직유족급여		행정안전부 순직보상심사위원회
공무원 유족보상금		소속기관 (연금취급기관)
공무원 사망조위금	국가직공무원	공무원연금관리공단 (지부)
	지방직공무원	지방자치단체
	교육직공무원	시, 도 교육지원청
군인 사망조위금		소속부대 (소속부대로 문의)

별정우체국 사망조위금	별정우체국연금관리단(02-3278-7700)
근로자 장의비	사업체(사업체로 문의)
사립학교교직원 사망조위금	사립학교교직원연금공단(1588-4110)
산업재해 장의비	근로복지공단(1588-0075)
순직선원 장제비	한국선원복지고용센터(051-465-2151~2)
어선원 장제비	수산업협동조합 중앙회(조합으로 문의)

국민건강보험의 장례비지원(폐지)

「국민건강보험법」 제45조(임의급여)에 따라서 일률적으로 25만 원이 지급되던 장제비 지급제도는 2008년 1월 1일 자로 폐지되었다.

제4절

상속과 세금

Question 01
재산상속 얼마나 받을 수 있나?

상속의 개시

상속은 사람(피상속인)의 사망으로 개시된다(「민법」 제997조). 사람의 사망 시점은 생명이 절대적·영구적으로 정지된 시점을 말한다. 이와 별개로 실종선고를 받은 사람도 사망한 것으로 보아 상속이 개시된다. 전지(戰地)에 임(臨)한 사람, 침몰한 선박 중에 있던 사람, 추락한 항공기 중에 있던 사람 그 밖에 사망의 원인이 될 위난을 당한 사람의 생사가 위난이 종료한 후 1년간 분명하지 않은 때에도 이해관계인이나 검사는 법원에 실종선고를 청구할 수 있다(「민법」 제27조제2항).

상속은 피상속인의 주소지에서 개시된다(「민법」제998조). 따라서 피상속인이 자신의 주소지 이외의 장소에서 사망하더라도 그 주소지에서 상속이 개시된다.

상속인과 상속순위

'상속인'이란 상속이 개시되어 피상속인의 재산상의 지위를 법률에 따라 승계하는 사람을 말한다. '피상속인(被相續人)'이란 사망 또는 실종선고로 인하여 상속재산을 물려주는 사람을 말한다.

상속인은 다음과 같은 순위로 정해지고, 피상속인의 법률상 배우자는 피상속인의 직계비속 또는 피상속인의 직계존속 상속인이 있는 경우에는 이들과 함께 공동상속인이 되며, 피상속인의 직계비속 또는 피상속인의 직계존속 상속인이 없는 때에는 단독으로 상속인이 된다(「민법」제1000조제1항 및 제1003조제1항).

순위	상속인	비고
1순위	피상속인의 직계비속 (자녀, 손자녀 등)	항상 상속인이 됨
2순위	피상속인의 직계존속 (부·모, 조부모 등)	직계비속이 없는 경우 상속인이 됨
3순위	피상속인의 형제자매	1, 2 순위가 없는 경우 상속인이 됨
4순위	피상속인의 4촌 이내의 방계혈족 (삼촌, 고모, 이모 등)	1, 2, 3 순위가 없는 경우 상속인이 됨

상속분

'상속분(相續分)'이란 2명 이상의 상속인이 공동으로 상속재산을 승계하는 경우에 각 상속인이 승계할 몫을 말한다.

　배우자의 상속분은 직계비속과 공동으로 상속하는 때에는 직계비속의 상속분에 5할(50%)을 가산하고, 직계존속과 공동으로 상속하는 때에는 직계존속의 상속분에 5할(50%)을 가산한다(「민법」 제1009조제2항).

　같은 순위의 상속인이 여러 명인 때에는 공동상속이 되고 그 상속분은 동일한 것으로 한다(「민법」 제1009조제1항).

　사망 또는 결격된 사람의 순위를 갈음하여 상속인이 된 대습상속인(「민법」 제1001조)의 상속분은 사망 또는 결격된 사람의 상속분에 의한다(「민법」 제1010조제1항).

　'기여분'이란 공동상속인 가운데 피상속인의 재산의 유지나 증가에 대하여 특별히 기여하였거나 피상속인을 부양한 사람이 있는 경우에 그 사람에게 그 기여한 만큼의 재산을 가산하여 상속분을 인정하는 제도를 말한다. 기여분은 원칙적으로 공동상속인 간의 협의로 결정한다(「민법」 제1008조의2제1항).

상속재산의 이전

상속은 사람(피상속인)의 사망으로 개시된다(「민법」 제997조). 상속이 개시되면 상속인은 그 때부터 피상속인의 재산에 관한 포괄적 권리의무를 승계한다(「민법」 제1005조). 이 때 상속되는 상속재산은 상속인에게 이익이 되는 적극재산(자산)뿐 아니라, 채무와 같은 소극재산(부채)도 포함된다.

공동상속 재산

상속인이 여러 명인 때에는 상속재산은 그 공유(共有)로 한다(「민법」 제1006조). '공유(共有)'란 물건이 지분(持分)에 따라 여러 명의 소유로 된 것을 말한다(「민법」 제262조). 공동상속인은 각자의 상속분에 응하여 피상속인의 권리의무를 승계한다(「민법」 제1007조).

※ 다만, 이러한 공동상속인의 공유관계는 상속재산의 분할 전의 잠정적인 상태를 위해 상정된 것이다.

공동상속재산의 관리·처분

공동상속인은 그 지분을 처분할 수 있고 상속재산 전부를 지분의 비율로 사용, 수익할 수 있다(「민법」 제263조).

　공동상속인은 다른 공유자의 동의 없이 공동상속재산을 처분하거나 변경하지 못한다(「민법」 제264조). 공동상속재산의 관리에 관한 사항은 공동상속인의 지분의 과반수로써 결정한다. 그러나 보존행위는 각자가 할 수 있다(「민법」 제265조). 공동상속인은 그 지분의 비율로 공동상속재산의 관리비용 그 밖의 의무를 부담한다(「민법」 제266조제1항).

상속재산의 분할

상속개시로 공동상속인은 피상속인의 권리·의무를 각자 승계하며, 상속재산은 공동상속인의 공유가 된다(「민법」 제1007조 및 제1006조). 이 경우 상속재산은 상속인 각자의 재산으로 분할되어야 할 필요가 있는데, 이를 상속재산의 분할이라 한다. 유언 또는 합의로 상속재산 분할을 금지한 경우에는 상속재산분할이 금지된다.

원칙적으로 모든 상속재산은 공동상속인이 분할할 수 있다. 예외적으로 금전채권, 금전채무와 같이 가분적인 상속재산은 분할의 대상이 되지 않는다.

유류분 제도

'유류분(遺留分)'이란 상속 재산 가운데, 상속을 받은 사람이 마음대로 처리하지 못하고 일정한 상속인을 위하여 법률상 반드시 남겨 두어야 할 일정 부분을 말한다.

「민법」은 유언을 통한 재산처분의 자유를 인정하고 있으므로 피상속인이 유언으로 타인이나 상속인 일부에게만 유증을 하면 상속인에게 상속재산이 이전되지 않을 수 있다. 그러나 상속재산처분의 자유를 무제한적으로 인정하게 되면 가족생활의 안정을 해치고, 피상속인 사망 후의 상속인의 생활 보장이 침해된다. 이러한 불합리를 막고 상속인의 생활을 보장하기 위해 우리 「민법」은 유류분제도를 인정한다.

유류분권리자가 피상속인의 증여 및 유증으로 인하여 그 유류분에 부족이 생긴 때에는 부족한 한도에서 그 재산의 반환을 청구할 수 있다(「민법」 제1115조제1항).

순위	유류분 권리자	유류분율
1순위	피상속인의 직계비속	법정상속분 × 1/2
2순위	피상속인의 직계존속	법정상속분 × 1/3
3순위	피상속인의 형제자매	법정상속분 × 1/3
4순위	피상속인의 4촌 이내의 방계혈족	유류분 권리 없음

Question 02

상속재산 얼마나 되는지 알 수 있나?

상속재산 조회(안심상속 원스톱 서비스)

'안심상속 원스톱 서비스'란 사망신고 이후 재산처분 등 후속 처리를 위해 재산조회를 한 번의 통합신청으로 확인할 수 있는 제도이다. 통합처리 대상 재산 조회의 종류는 아래와 같이 총 11종이다.

① 지방세 정보(체납액·고지세액·환급액), ② 자동차정보(소유내역), ③ 토지정보(소유내역), ④ 국세정보(체납액·고지세액·환급액), ⑤ 금융거래정보(은행, 보험 등), ⑥ 국민연금정보(가입 및 대여금 채무 유무), ⑦ 공무원연금정보(가입 및 대여금 채무 유무), ⑧ 사학연금정보(가입 및 대여금 채무 유무), ⑨ 군인연금 가입 여부, ⑩ 건설근로자 퇴직공제금정보(가입 유무), ⑪ 건축물정보(소유 내용)

신청 방법은 방문 신청하는 경우와 정부24를 통해서 온라인으로 신청하는 방법이 있다. 방문신청은 가까운 시, 구, 읍면동 주민센터를 직접 방문해서 사망자 재산 조회 등 통합처리 신청서를 작성하고 구비서류를 제출하면 된다.

온라인 신청은 정부24 홈페이지 접속 → 공동인증서 본인인증 → 신청서작성 → 구비서류(가족관계증명서) 교부신청 및 수수료 결제 → 접수처(주민센터)에서 확인·접수 → 접수증 출력의 순서로 하면 된다. 다만, 제1순위 상속인의 상속포기로 인한 제2순위 상속인은 제외된다.

신청자격은 선순위 상속인이 없는 경우에 한한다. 신청방법은 제1순위 상속인 (직계비속, 배우자) 제2순위 상속인(직계존속, 배우자)은 방문신청과 온라인 신청이 가능하다. 제3순위 상속인(형제, 자매), 대습상속인, 실종 선고자의 상속인은 온라인 신청은 불가하다. 신청 결과 확인은 문자로 전송받거나 인터넷을 통해서도 조회할 수 있다.

조회대상		결과확인	문의처
금융거래		문자 또는 www.fss.or.kr	금융감독원 ☎1332
국세		문자 또는 www.hometax.go.kr	국세청 ☎126
국민연금		문자 또는 www.nps.or.kr	국민연금공단 ☎1355
공적연금	공무원연금	문자	공무원연금공단 ☎1588-4321
	사학연금		사립학교교직원연금공단 ☎1588-4110
	군인연금		국방부 ☎1577-9090
토지, 지방세		문자 또는 방문 중 선택	가까운 시, 군, 구청
자동차		접수처에서 안내, 온라인 신청 시 문자·우편 방문 중 선택	가까운 시, 군, 구청

금융자산 조회서비스

금융자산 조회서비스는 상속인이 피상속인의 금융재산 및 채무를 확인하기 위하여 금융회사를 방문하는 번거로움을 덜어드리고자 금융감독원이 각 금융회사의 협조를 얻어 제공하는 서비스이다. 조회 범위는 조회신청일 기준으로 금융회사에 남아있는 피상속인 명의의 모든 금융채권, 금융채무, 보관금품의 존재유무 및 공공정보 등이다.

금융채권	각종예금, 보험계약, 예탁증권 등 피상속인 명의의 금융자산
금융채무	대출 신용카드이용대금, 지급보증 등 우발채무 및 특수채권(상각채권) 등 금융회사가 청구권이 있는 피상속인 명의의 부채
보관금품	국민주, 미반환주식 대여금고 및 보호예수, 보관어음 등 금융회사가 반환할 의무가 있는 피상속인 명의의 임치계약 금품
공공정보	피상속인의 국세, 지방세·과태료 등 일정금액 이상의 체납정보 등 (2014.9.1.부터 제공)

금융자산 조회서비스의 조회대상 금융회사는 아래와 같다.

조회대상	정보제공기관
제1금융권	예금보험공사, 은행
신용평가기관	한국신용정보원, 신보·기신보, 한국주택금융공사, 한국장학재단, 서민금융진흥원(미소금융대출 제외) NICE 평가정보·KCB·KED, 캠코, 무역보험공사, 신용보증 재단, 중소기업중앙회 포함)
제2금융권+증권 +카드+리스+ 대부업	종합금융회사, 한국증권금융, 카드회사, 리스회사 할부금융회사, 상호저축은행, 신용협동조합, 새마을금고 산림조합, 우체국, 한국예탁결제원, 대부업체

| 기타 대여업체 | 국세청, 국민연금공단, 공무원연금, 사학연금, 군인연금, 건설근로자공제회, 군인공제회, 대한지방행정공제회, 과학기술인공제회, 한국교직원공제회 |

조회 절차는 ① 접수대행기관에서 접수된 조회신청서를 금융감독원이 취합하여 각 금융협회에 조회 요청 → ② 각 금융협회는 소속 금융회사에 피상속인 등의 금융 거래여부 조회요청 → ③ 각 금융회사는 피상속인 등의 금융거래여부 및 예금액, 채무액을 해당 금융협회 등에 통보 → ④ 각 금융협회 등은 조회완료 사실을 신청인에게 문자 메시지 등을 이용하여 통보(각 금융협회 홈페이지에 결과 조회 가능).

조회 결과 확인은 접수일로부터 3개월까지 금융감독원 홈페이지에서 일괄 확인 및 각 금융협회 홈페이지에서 개별 확인할 수 있으며, 조회 결과를 받은 후 문의는 해당 금융회사로 해야 한다.

Question **03**
고모, 이모도 상속포기를 해야 하나?

상속 시 사전 체크리스트

① 자신이 상속인이 되는지를 파악한다.

② 피상속인이 작성한 유언증서가 있는지 찾아보아야 한다.

③ 자신이 상속인인 경우 피상속인의 재산 상태를 조회해야 한다.

④ 자신의 상속분이 얼마인지 그리고 상속을 통해 받게 되는 상속재산은 얼마인지를 꼼꼼히 따져야 한다.

⑤ 상속을 통해 받게 되는 재산보다 채무가 많거나, 그 채무의 액수를 정확히 모르는 경우에는 상속포기 또는 상속의 한정승인을 할 것인지를 고려해야 한다.

상속의 승인·포기의 결정

'상속의 단순승인'이란 상속의 효과를 거부하지 않는다는 의사표시를 말한다. 상속인이 상속의 단순승인을 한 때에는 제한 없이 피상속인의 권리 의무를 승계한다(「민법」 제1025조).

'상속의 한정승인'이란 상속인이 상속으로 취득하게 될 재산의 한도에서 피상속인의 채무와 유증을 변제할 것을 조건으로 상속을 승인하려는 의사표시를 말한다.

'상속의 포기'란 상속개시에 따라 피상속인에게 속하던 재산상의 권리·의무의 일체가 상속인에게 당연히 이전되는 상속의 효과를 거부하는 행위를 말한다. 상속인이 상속의 포기를 한 때에는 그는 처음부터 상속인이 아니었던 것이 된다.

고모, 이모, 외삼촌, 조카, 생질 등의 상속포기

만일 피상속인의 재산이 채무보다 많은 경우라면 상속을 포기할 필요가 없지만, 채무가 재산보다 많은 경우라면 상속포기를 해야 한다.

주의해야 할 점은 상속순위 4순위인 4촌 이내의 방계혈족에는 고모, 이모, 외삼촌, 조카, 생질 등도 포함된다. 만일 3순위까지의 선순위 상속권자가 모두 상속을 포기했다면 예상치 못한 채무를 부담할 수도 있다는 점이다.

상속포기는 사망일 또는 사망 사실을 인지한 날로부터 3개월 이내에 가정법원에 신청해야 한다. 상속포기 순위도 상속순위와 같이 ① 배우자, 직계비속 → ② 직계존속 → ③ 형제, 자매 → ④ 4촌 이내의 방계혈족의 순으로 상속포기를 해야 한다.

만일 본인이 상속순위에 해당 하면 먼저 상속재산을 조사한 뒤 상속으로 인하여 물려받을 재산과 채무를 비교하여 다음과 같이 상속의 승인·포기 등을 결정하는 것이 좋다.

상속재산의 조사 결과	상속의 승인·포기의 결정
재산이 채무보다 많을 때	상속의 단순승인
채무가 재산과 비슷하거나 잘 모를 때	상속의 한정승인
채무가 재산보다 많을 때	상속의 포기

Question 04

상속재산 이전은 어떻게 하나?

부동산의 경우에는 상속등기를 하라

'상속'이란 사람의 사망으로 인해 재산상의 법률관계가 피상속인으로부터 상속인에게 포괄적으로 승계되는 것을 말한다. 상속에 의한 소유권 이전등기는 사망으로 인해 소유권이 이전하는 경우에 하는 등기를 말한다.

상속에 의한 소유권 이전등기 시 등기권리자는 상속인(상속받는 자)이고 상대방은 피상속인(상속하는 자)이다. 상속에 의한 소유권 이전등기 중 단독상속의 경우에는 등기권리자인 상속인 단독으로 신청한다.

공동상속재산의 협의분할에는 공동상속인 전원이 참가해야 하므로, 공동상속인 중 일부의 행방을 알 수 없는 경우에는 행방불명된 상속인에 대한 실종선고를 먼저 받아야 협의분할을 할 수 있다. 상속등기의 신청은 법정상속분에 따라 공동상속인 전원의 상속등기를 상속인 중 1인이 신청할 수 있다. 상속등기 자체는 법무사 등이 대행하면 되지만 우선은 상속인 간에 상속재산에 대한 협의가 선행되는 것이 중요하다.

자동차는 상속폐차 또는 상속이전 등록을 하라

'상속폐차'란 차주가 사망한 경우 가족들이 대신하여 차량을 폐차하는 것을 말한다. 차량이 노후되었거나 상속세가 차량가격보다 높거나 혹은 상속받을 사람이 없는 경우에는 상속폐차를 하게 된다. 고인이 사망한 사실을 숨기고 자동차등록증과 차주의 신분증을 가지고 폐차신청을 하는 것은 불법이므로 정상적인 상속폐차 절차를 이행하는 것이 좋다.

상속인 중 피상속인의 자동차를 승계할 사람이 있는 경우에는 가까운 차량등록사업소를 방문하여 자동차의 상속이전 등록을 하면 된다. 자동차 상속이전은 상속개시일이 속하는 달의 말일부터 6개월 이내에 하여야 한다.

Question 05
시가 10억 원의 주택에도 상속세가 부과되나?

상속세 납세의무

피상속인이 거주자인 경우 모든 상속재산, 피상속인이 비거주자인 경우 국내에 있는 모든 상속재산이 과세대상이 된다. 상속재산의 평가액은 상속개시일 현재의 시가이다.

상속인 수유자는 상속재산 중 각자가 받았거나 받을 재산을 기준으로 「상속세 및 증여세법 시행령」 제3조제1항에 따라 계산한 금액을 상속세로 납부해야 한다(「상속세 및 증여세법」 제3조의2제1항).

상속공제 제도

상속인이 배우자와 자녀가 있는 경우에는 최소 일괄공제금액(5억 원)과 배우자상속공제 최저공제금액(5억 원)을 합한 10억 원을 공제받을 수 있다. 따라서 시가 10억 원의 주택뿐이면 상속세는 내지 않아도 된다.

상속인이 배우자만 있는 경우에는 기초공제(2억 원), 그 밖의 인적공제, 배우자상속공제를 적용받을 수 있다. 즉, 최소 7억 원을 공제받을 수 있다. 상속인이 자녀만 있는 경우에는 최소 일괄공제금액(5억 원)을 공제받을 수 있다.

기초공제		기본적으로 2억 원	비 고
인 적 공 제	자녀공제	1명당 5천만 원을 공제	최소일괄공제금액 5억 원 * 중복금지원칙, 다만 자녀공제와 미성년자 공제, 장애인 공제와 그 밖의 공제는 중복 가능
	미성년자 공제	1명당(1천만 원 × 19세가 될 때까지의 연수)를 공제	
	연로자공제	1명당 5천만 원을 공제	
	장애인공제	1명당 (1천만 원 × 기대여명의 연수)를 공제	
배우자 상속공제		(기준금액 × 배우자 법정상속분)과 30억 원 중 적은 금액 한도	최저공제금액 5억 원
가업상속공제		10년 이상 20년 300억 원 20년 이상 30년 400억 원 30년 이상 600억 원	10년 이상 영위한 중소기업 등
영농상속공제		30억 원 한도	10년 이상 영농(피상속인) 2년 이상 영농(상속인)

상속세율과 상속세 계산

① 총 상속재산가액 − 상속공제 = 상속세 과세표준

② (상속세 과세표준 × 세율) − 누진공제액 = 상속세 산출세액

과세표준	1억 원 이하	5억 원 이하	10억 원 이하	30억 원 이하	30억 원 초과
세율	10%	20%	30%	40%	50%
누진공제액	없음	1천만 원	6천만 원	1억 6천만 원	4억 6천만 원

상속세 신고

상속개시일이 속하는 달의 말일부터 6개월 이내에 상속인은 상속세의 과세가액 및 과세표준을 납세지(피상속인의 주소지) 관할세무서장에게 신고해야 한다(「상속세 및 증여세법」 제67조제1항). 다만, 피상속인이나 상속인 전원이 비거주자인 경우에는 상속개시일이 속하는 달의 말일부터 9개월 이내에 신고한다.

※ 신고기간 경과 시 가산세가 부과된다.

제5절

유품의 정리

Question 01

유품 정리는 가족이 해야 하나?

추억의 물건 나누기

일반적으로 유품이란 상속재산 중에서 부동산을 제외한 동산유품을 말한다. 상속인이 수인이 있는 경우에 유품을 분할하기 이전까지는 모든 상속인을 위한 상속대상이기 때문에 특정 상속인이 함부로 손을 대서는 안된다. 특히, 귀금속이나 예금, 골동품과 같이 재산적 가치가 큰 유품을 다른 상속인들의 동의 없이 특정인이 소유하면 분쟁의 씨앗이 된다.

부모님의 장례를 치르고 나면 유족들이 한 자리에 모이기도 어렵기 때문에 삼우제나 고인을 위한 행사로 상속인 들이 함께 모였을 때, 피상속인이 남기고 간 유품들을 한꺼번에 꺼내 놓고 유족들 간 유품 나누기를 해보면 어떨까?

경제적 가치는 크지 않지만 부모님이 애용하시던 시계, 반지, 목걸이, 안경, 만년필, 지갑 등의 신분품과, 경제적 가치는 없지만 가족들에게는 소중한 추억이 깃들어 있는 부모님의 사진, 자신의 어릴 적 사진, 앨범, 편지, 상장이나 졸업장 등은 상속대상이 아니라 가족들이 공유해야 할 추억의 물건으로서 유족들 간에 서로 협의하여 고인의 뜻에 따라 추억의 물건 나누기를 하는 것도 좋다.

이때 고인의 생전의 모습을 그리며 슬픔을 나누는 그리프 케어(Grief Care)를 함께 하는 것도 좋다.

사후 유품의 정리

고인의 유품을 정리하는 일은 너무도 가슴 아픈 일이지만 남아 있는 가족으로서 꼭 해야 할 일이다. 유품을 정리할 때에는 먼저 고인이 남긴 물건들을 분류하는 것에서 시작한다.

귀중품과 추억의 물건은 유품 분배를 통해 유가족이 나누어 가지거나 폐기 여부를 결정한다. 이때 값이 나가는 귀중품의 처리 여부를 두고 유족 간 다툼이 생기는 경우가 종종 있으나 고인이 편히 가실 수 있도록 서로 배려하고 양보하는 자세가 필요하다.

경제적 가치는 없지만 생전에 고인이 평소에 몸에 지니고 다니던 물건이나 특별한 의미가 있는 추억의 물건들은 한 곳에 모아서 희망보자기를 만들어 두면 유족들이 유품 정리에 큰 도움이 된다.

귀중품	금품이나 통장, 인감 등 직접적인 재산
추억의 물건	사진이나 편지, 앨범 등
의류	의복이나 이불 등
식료품	냉장고 내의 신선식품이나 보존식품 등

원래는 유족이 해야 할 유품 정리

고인이 사망하면 유족들이 모여서 가족들이 각자 나누어 가질 물건을 나누어 가지고 나면, 고인의 남은 유품들을 남길 것은 남기고 버릴 것은 버리고 모든 유품 정리를 유족만의 힘으로 실시해 왔다.

예를 들어 할머니가 돌아가시면 삼우제나 49재를 마치고 돌아와서 가까운 친척들이 모여서 옷장을 열고 쓰지 않은 이불이나 입지 않은 옷을 펼치고 있는 광경을 생각할 수 있다. 조상 대대로 내려오던 고리짝이나 장롱, 곳간이나 별채 안쪽에서 필요한 물건들을 나누어 가지는 모습을 상상할 수 있다. 옛날에는 시간을 두고 차분히 나누어 가질 수 있었고, 처분하기 곤란하거나 덩치가 큰 물건은 일단 헛간이나 빈방에 보관할 수 있었다.

유품 정리 절차

고인이 사망 후 그 방에 더 이상 살 사람이 없어서 그 주택이나 빈방 전체를 비워야 하는 경우에는 다음의 절차를 염두에 두고 유품을 정리한다.

① 먼저 전체 물건을 대상으로 보존해야 할 물건과 처리해야 할 물건으로 분류한다. 보존해야할 물건들은 리스트를 만들어서 따로 보관한다.

② 처리해야 할 물건들은 재활용이 가능한 물건과 폐기 처분할 물건으로 분류하고, 재활용이 가능한 물품들은 중고물품으로 매각하거나 필요한 사람에게 기증한다.

③ 폐기처분 대상은 다시 폐기해야 할 물건과 소각해야 할 물건으로 분류한다. 폐기 처분해야 할 물건들은 건물 밖으로 이동시켜서 폐기물처리업자 등을 통해 폐기처분한다.

④ 소각해야 할 물건들은 잠시 보관했다가 탈상 시 등 적당한 장소와 시설에서 한꺼번에 소각하거나 전문 업자에게 소각을 의뢰한다.

> ※ 고인과 함께 동거하던 배우자등 가족이 계속 거주하는 경우에는, 너무 많은 유품을 한꺼번에 없애 버림으로써 마음의 상처를 받지 않도록 계속 거주하는 사람의 의사를 확인하고, 꼭 처리해야할 유품에 한하여 정리한다.

Question 02
유품 정리 전문 업체 왜 필요한가?

유품 정리, 유족이 감당하기 힘들다

과거 농경 시대에는 가족들의 힘으로 유품 정리를 하는데 아무런 어려움이 없었다. 그런데 오늘날 핵가족화와 도시화로 따로 떨어져 사는 문화가 정착되면서 유품 정리는 유족들이 혼자 감당하기 힘들게 되었다.

부모님의 집을 물려받아서 거주할 집이라면 천천히 해도 된다. 하지만 처분을 하거나 임대를 할 계획이라면 유품이 있는 집을 완전히 비워야만 한다. 아무리 유족이라도 부모님과 오랫동안 떨어져 생활을 했기 때문에 부모님의 유품 중 어느 것을 남기고 어느 것을 버릴지 판단이 서지 않는다. 대형 가전제품들이 늘어나서 무거운 것을 들 수도 옮길 수도 없다. 무엇보다 도시에서 바쁘게 생활하는 자녀들이 며칠씩 시간을 내기가 어렵다. 그래서 생겨난 것이 유품 정리 전문 업체를 이용하는 것이다.

유품 정리 전문 업체의 활용

유품 정리는 유족이 하는 것이 가장 바람직 하지만, 유족들도 유품의 내용을 잘 모르거나 유품 정리를 할 시간이 없거나, 고인이 살던 방에 들어가지 못하는 사정이 있는 경우는, 부득이하게 유품 정리 전문 업체에게 맡겨야 하는 경우가 있다.

유품 정리 전문 업체란 고인의 유족을 대신해서 유품을 전문적이고 체계적으로 정리 대행하는 자를 말한다. 우리나라는 공식적인 유품 정리사 자격제도는 없지만 일본의 유품 정리사 자격을 취득하거나 자체적인 유품 정리사 교육을 받고 유품 정리를 전문적으로 하는 업체가 있다. 인터넷을 통해서 유품 정리 전문 업체를 검색해 볼 수 있고, 장례식장이나 상조회사를 통해서 소개받을 수도 있다.

유품의 수색, 분류, 소각

유품 정리 전문 업체는 유품의 분류, 보존, 재활용, 폐기, 청소와 방역 등을 일관작업으로 진행한다. 유품 중 유족이 보관할 보존품을 찾아내는 일은 유족의 협조가 필수적이다. 전문 업체와 견적을 산출할 때에 미리 보존하고 싶은 유품의 수색과 찾아야 할 물품을 제시해 주면 좋다.

고인이 직접 입고 있던 옷이나 아끼던 인형 등 쓰레기에 섞어서 함부로 버리는 것이 고인에 대한 예의가 아니라고 생각되는 유품은 소각해서 올려드린다. 하지만 유품을 관속에 넣거나, 무덤 주위 등 허가 받지 않은 장소에서 소각하는 것은 불법이기 때문에, 소각해 드릴 유품은 별도의 요금을 지급하고 유품 정리 업체에게 소각을 의뢰한다.

재활용품과 불용품의 처리

다음은 유족에게는 필요 없지만, 버리기는 아까운 가전제품이다. 이는 재활용품으로 매각할 수 있다. 재활용품으로 매입해줄 물품이 있으면 재활용품에 가격을 매겨서 견적 금액에서 빼주도록 요청한다. 고인의 유품을 판매하여 이익을 남기는 것이 내키지 않는다면 따로 보관하거나 기증할 수도 있다.

나머지 생활용품은 불용품으로 분류되어 폐기물의 대상이 된다. 유품 정리 전문 업체는 폐기물을 처리하는 관련 업체와 연계해서 여러 분야의 폐기물을 합법적으로 처리해준다.

살균, 소독, 제취

유품을 정리하는 장소는 고인의 생활공간으로서 오랫동안 비워둔 경우가 많고 냄새도 나기 때문에, 그 곳에 기생하던 해충이나 병균들을 박멸하는 작업을 병행한다.

고인이 사망 후 오랫동안 방치되었던 경우에는 전염병 등의 감염위험이 높기 때문에 살균소독은 필수적이다. 오랜 시간 동안 냄새가 배어있는 경우는 이를 없애는 제취(除臭) 작업도 필요하다. 바닥이나 장판, 천장 등을 모두 뜯어내고 인테리어를 새로 해야 하는 경우도 있다.

디지털 유품의 처리는 어떻게 할까?

중요한 파일을 백업한다

디지털 유품을 폐기하는 것은 개인적이고 감정적인 과정이 될 수 있다. 무엇을 보관하고 무엇을 삭제할지 결정하는 데 시간을 들여 편안하게 결정한다. 디지털 유품을 폐기하기 전에 중요한 파일 백업부터 해야 한다. 삭제를 시작하기 전에 중요한 파일을 외장하드 드라이브 또는 클라우드 스토리지 서비스에 백업해 둔다. 이렇게 하면 나중에 마음이 바뀌거나 나중에 필요할 때 다시 엑세스할 수 있다.

민감한 파일을 안전하게 제거

프라이버시를 문제를 고려한다. 개인정보나 민감한 데이터가 포함된 디지털 유품이 있는 경우 안전하게 삭제한다. 여기에는 파일 파쇄 프로그램을 사용하거나 데이터를 복구할 수 없도록 하드 드라이브를 완전히 폐기하는 작업이 포함될 수 있다.

상속이나 유산을 고려한다

저작권 등 경제적 가치가 있는 지적 재산권은 상속재산에 해당된다. 미래

세대에게 물려주고 싶은 디지털 유품이 있다면 쉽게 액세스하고 공유할
수 있는 디지털 아카이브(인터넷상에 디지털로 이루어진 거대한 문서저장고) 또
는 백업 파일을 만드는 것을 고려한다.

재활용 또는 기부한다

오래된 디지털 유품이 있지만 더 이상 사용하지 않는 디지털 장비는 초기
화해서 재활용 하거나 자선단체에 기부하는 것을 고려한다. 이를 통해 전
자 폐기물을 줄이고 기존 장비에 새로운 생명을 불어넣을 수도 있다.

Question 04
디지털 장의사는 어떤 일을 할까?

디지털 신원을 관리하거나 매장하는 전문가

'사이버 장의사' 또는 '디지털 장의사'라는 용어는 널리 인정되거나 확립
된 직업은 아니지만 사람의 사망 후에 디지털 신원을 관리하거나 '매장
(埋葬)' 하는 전문가를 지칭할 수 있다.

오늘날의 디지털 시대에 많은 사람은 소셜 미디어 계정, 이메일 및 기
타 디지털 자산을 통해 상당한 온라인 존재감을 가지고 있다. 누군가 세
상을 떠났을 때 이러한 디지털 계정과 자산은 활성 상태로 유지되어 사랑

하는 사람에게 잠재적인 보안 위험과 정서적 어려움을 초래할 수 있다.

디지털 정보의 파기를 대행하는 직업이다

세상을 떠난 사람들이 생전에 인터넷에 남긴 흔적인 '디지털 유산'을 청소해 주는 업무, 다시 말해서 사람이 아니라 정보를 장사 지내주는 직업이다. 인터넷에 기록된 자신의 인생을 지워 주기 때문에 디지털 장의사라 불린다. 인터넷에서 저장, 유통되는 의뢰인의 개인정보를 수집하여 영구적인 파기를 대리해 주는 신종 직업이다.

장의사라는 수식어와 달리 고인뿐만 아니라 살아 있는 사람도 의뢰가 가능하다. 당사자가 사망하지 않아도 생전에 자신의 관련된 정보를 지워주는 경우도 있다.

컴퓨터를 없애 버려도 사이버 상의 흔적이 남는다

자신의 컴퓨터의 파일을 폐기하는 것만으로는 흔적이 지워지지 않는다. 예를 들어 자신의 컴퓨터를 분해해서 하드디스크의 파일을 삭제해도 전문가는 쉽게 복원할 수 있다. 하드디스크를 통째로 녹여버려도 페이스북이나 카카오톡, 위챗 등에 남아 있는 흔적은 그대로이다.

SNS 등의 기록이나 이미지 파일들을 찾아서 지워준다

외국 사례의 경우 디지털 장의사는 미리 회비를 내고 가입한 회원이 죽으면 인터넷 정보를 어떻게 처리할지에 대해 적은 유언을 확인한 후 고인의

'흔적 지우기'에 들어간다. 페이스북 등에 올려둔 사진을 삭제하고, 회원이 남긴 댓글까지도 일일이 찾아 지워주기도 하는 사례가 있다.

잊혀질 권리에도 법적 제한이 따른다

우리나라는 아직까지 디지털 장의사의 사각지대나 다름없다. 정보 주체가 온라인상 자신과 관련된 모든 정보에 대한 삭제 및 확산 방지를 요구할 수 있는 자기결정권 및 통제 권리를 '잊혀질 권리'라고 한다. 하지만 온라인에서 잊혀질 권리를 비즈니스화하는 데에는 복잡한 법적·윤리적 쟁점들이 뒤따른다. 누구도 죽은 사람의 권리를 대신 행사할 수 없기 때문이다. 따라서 자기정보를 청소하고 싶으면 생전에 해두는 것이 좋다.

참고문헌

강창희, 『당신의 노후는 당신의 부모와 다르다』, 샘앤파커스, 2013.

김연욱, 『슬기로운 장례문화』, 마이스터 연구소, 2020.

김석중, 『당신의 마지막 이사를 도와드립니다』, 김영사, 2022.

마쓰바라준코 저, 신찬 역, 『50부터 준비하는 우아한 엔딩』, 동아엠앤비, 2021.

백성인, 『장례비용 팍팍 줄이는 방법』, 도서출판 글빛나라, 2015.

(사)한국장례협회, 『장례문화 종합가이드북』, (사)한국장례협회, 2021.

山本宏外, 『身近な人の死後の手續き』, 文響社 , 東京, 2022.

신한생명, 『행복한 노후준비 더 이상 미룰 수 없다』, 미래출판기획, 2015.

NHK 스페셜 제작팀 저, 김정환 역, 『장수의 악몽 노후파산』, 다산북스, 2016.

안종만, 『잘 살고 잘 늙고 잘 죽기』, 바른북스, 2021.

엔딩연구소, Funeral News 홈페이지(ending.co.kr), 엔딩노트2015. pdf.

이병권, 『미리 준비할수록 덜 내는 현명한 상속·증여설계』, 새로운 제안, 2019.

이치원, 『남자 독립 선언서』, 도토리, 2021.

佐藤正明外, 『自分と家族の生前の整理と手續き』, 文響社 , 東京, 2022.

한국죽음학회, 『한국인의 웰다잉 가이드 라인』, 대화문화아카데미, 2011.

은퇴 준비와 희망노트에 관한 이 책을 끝맺으면서, 책을 쓰는데 많은 조언을 주신 여러 분야의 전문가 분들을 떠올립니다. 그리고 이 책의 방향 설정을 하는데 많은 경험을 주신 분들을 떠 올립니다.

은퇴는 절망이 아니라 희망입니다. 새로운 관심사를 탐구할 수 있고, 사랑하는 사람과 더 많은 시간을 보낼 수 있고, 노력의 결실을 즐길 수 있는 기회를 제공하기 때문에 많은 사람에게 새로운 기회의 시간이 될 수 있습니다.

이 책 전반에 걸쳐 우리는 노후를 편안히 보내기 위해 노후준비에 관한 다양한 전략과 요령에 대해 살펴보았습니다. 노후예산을 세우는 것부터 일상적인 일과를 개발하는 것까지, 이러한 조치는 새로운 라이프 스타일에 적응하고 은퇴 기간을 최대한 활용하는 데 도움이 될 수 있을 것입니다.

인생은 한 번의 기회밖에 주지 않습니다. 한 번뿐인 인생을 잘 마무리하기 위한 전략을 함께 살펴보았습니다. 인생의 은퇴는 천편일률적인 경험이 아니라는 점을 기억하는 것이 중요합니다. 모든 사람의 여정은 독특할 것이며 인생의 새로운 장을 탐색할 때 유연하고 적응력을 유지하는 것이 필수적입니다.

무엇보다도 이 책이 직장을 은퇴하고 인생을 정리하는 데 있어서 지침서의 역할을 할 수 있기를 희망합니다. 은퇴 계획을 막 시작했든 이미 노후를 즐기고 계시든, 인생의 흥미진진한 새로운 국면에서 최선을 다하기를 바랍니다. 감사합니다.

은퇴 준비와 희망노트

ⓒ 김두년, 2023

1판 1쇄 인쇄__2023년 06월 01일
1판 1쇄 발행__2023년 06월 10일

지은이__김두년
펴낸이__홍정표
펴낸곳__글로벌콘텐츠
        등록__제25100-2008-000024호

공급처__(주)글로벌콘텐츠출판그룹
        대표_홍정표 이사_김미미 편집_임세원 강민욱 백승민 권군오 기획·마케팅_이종훈 홍민지
        주소__서울특별시 강동구 풍성로 87-6
        전화__02) 488-3280 팩스__02) 488-3281
        홈페이지__http://www.gcbook.co.kr
        이메일__edit@gcbook.co.kr

값 20,000원
ISBN 979-11-5852-389-3 03190